胎内記憶と量子脳理論でわかった！

光のベールをまとった天才児をつくるたった一つの美習慣

胎内記憶研究による妊娠・出産・育児の革命児

【産婦人科医】

池川 明

×

保江邦夫

【ノートルダム清心女子大学名誉教授】

量子脳理論提唱者・理論物理学者・武道家

明窓出版

左：池川明氏　右：保江邦夫氏

はじめに

この本は、池川明先生と保江邦夫先生という、各々の専門分野において世界的な研究実績を誇り、かつスピリチュアルな分野にもたいへん造詣の深いお二かたによる初の対談本です。

池川先生は、世界的にも稀有な「胎内記憶研究」の第一人者であり、臨床の傍ら、出版活動や国内外での講演に加えて、『かみさまとのやくそく』『リーディング』『愛の地球（ホシ）へ』の映画出演などによって新しい時代にふさわしい胎内記憶教育の啓発に尽力され、妊娠・出産・育児における革命的なムーブメントを起こしている産婦人科医です。

一方、保江先生は、ノーベル物理学賞を受賞した湯川秀樹博士の晩年の研究「素領域理論」を引き継ぐとともに、量子力学の基礎であるシュレーディンガー方程式を導く新たな方程式、「Yasue 方程式」を発見し、かつ、世界で初めてお弟子さんと共に「量子脳理論」を提唱した理論物理学者であり、また同時に、「敵をも愛する」独自の武術体系を創始した稀有な武術家でもあります。

この、科学とスピリチュアルの壁を跳び越えた超科学分野でご活躍されている学界の二大巨頭が、子育て中のママや、将来親になる若い世代に向けて、子どもたちが天才性を発揮し、そして大人たちもハッピーになれる、とっておきの方法を教えてくれました。

この本を読めば、子どもたちの明るい未来を願うすべての人にとって必要な『光のベール』とは何かが、きっと見えてくることでしょう。

＊本書は、東京・白金にある保江先生の事務所において、２０２０年5月31日と6月9日の2日間にわたって行われた対談、及び、補筆をしたものです。

編集者（小笠原　英晃）

目次

part1 胎内記憶の調査から見えてきたこと

part2

すべての情報が畳み込まれた「ゼロポイントフィールド」から見た、心の働きとは？

part3

完全調和の「神さまの世界」からやってくる子どもたち

part4

縦のつながりが強い子どもと、横のつながりが得意な大人たちが織りなす、新しい糸

part5

一対一の「真似る」教育から生まれた、世界初の「量子脳理論」

part6

お母さんの「光のベール」が天才児をつくりだす

part7 天才児を育てるたった一つの習慣

Part 1

胎内記憶の調査から見えてきたこと

開業して30数年、今はクリニックの仕事と胎内記憶の啓発活動に尽力

池川明（継承略／以下、池川）　お久しぶりです。今日はよろしくお願いします。

保江邦夫（継承略／以下、保江）　こちらこそ、どうぞよろしくお願いします。

編集者（以下、編）　まず初めに、両先生がたのこれまでのご略歴から話を進めていただけますでしょうか。それでは、池川先生からお願い致します。

池川　私の実の父親は産婦人科の医者だったんですが、身体が弱かったので私が生まれてすぐに転地療養することになり、私は父の兄（叔父）の養子になりました。

それで、私が小学2年のときに父が横浜にクリニックを開業するまでは、叔父夫婦に育てられました。ですから、私にとって親は4人いたわけです。

実の父はアバウトな性格で、義理の父は非常に厳格な性格だったんですが、私は実の

父親に似ていて、気づいたら同じようなアバウトな医者になっていました（笑）。

でも、それぞれ性格の違う親が４人もいたことで、いろんな親子関係を経験できたことは、産婦人科の医師として患者さんの親子関係に踏み込むときに、とてもプラスになっています。


でも私の場合は、父のように初めから産婦人科医になろうと決めていたわけではないんです。当時は、ベビーブームも過ぎて産婦人科は斜陽だといわれていたので、大学６年のときには内科に行くのがいいかなと思っていました。

それで、産婦人科の助教授に「内科に進みたい」と相談したら、

「いいんじゃないか。内科は医療の王道だし」といわれたので、

「そうですか。ありがとうございます」とお礼をいって研究室を出ようとしたときに、

「ちょっと待て」と止められたんです。そして、

「でも世の中の半分は女性だよな。女性を赤ちゃんからお年寄りまでずっと見られるのは産婦人科医だけだぞ。それに今後、益々なり手が減っていくだろうから、かえって

希少価値が出るんじゃないか」といわれました。

「あぁ、なるほど」と思って、産婦人科医になることを決めたんですが、今思うとその先生はあまのじゃくな私の性格を知っていたので、あえて内科を薦めておいて、結局は産婦人科に行かせたかったんじゃないかと思います。

最初から産婦人科を勧められていたら、たぶん私は従わなかったでしょうから（笑）。

私はせっかちな性格なので、今となっては産婦人科が合っていたと思います。産婦人科の場合、慢性疾患など、長引く治療が多い内科などに比べて、だいたい陣痛が起きてから1日で短期決着します。そのためか大半の産婦人科の先生がたは、気が短いですね（笑）。

池川明氏

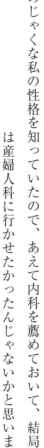

私が入った医学部は新設間もなく、私は3期生でした。講師が少なかったので、主任教授が4つの大学から講師を招いてくださったおかげで、それぞれの大学のやりかたを学べましたし、夜、急患があると「よーし！」と気合いが入ったりして、とてもいい勉強になりました。

そこで気づいたのは、医者が患者さんを治しているのではなくて、患者さん自らの力で治っていく、それをじゃましないのが、「いい医者」だということでした。

お産がおもしろいなと思ったのは、出産というのはみごとに数学的に描かれる世界だからです。

児頭回旋といって、赤ちゃんはお母さんの骨盤や産道の形に合わせて、第1回旋から第4回旋まで頭の向きを変えながら進んでいくんですね。

このパターンが乱れると「異常な出産」で、「いいお産」はこの児頭回旋がタイミングが標準に合っているということなので、そこで数学的な計算でお産を考えることができたのです。

ところが、実はこれが大間違いであったことに、開業して初めて気が付きました。

目が見えないはずの赤ちゃんが私の目を見て笑ってくれた！

池川　開業してからは、助産師さんに来てもらうようになったんですが、それまで私が大学で習ってきたお産の仕方とはまったく違っていました。

私たちは、赤ちゃんの頭が出てきたら器具を使ってすぐに躯幹（からだ）を出そうとするのですが、助産師さんたちは赤ちゃんが自分で出てくるのを待つんですね。

病院のように医師に合わせるお産ではなくて、お母さんの痛みやいきみに合わせて赤ちゃんを上手に取り上げる、つまりお母さんに合わせるお産。ここが全然違うんだと思って、驚きました。

それと、クリニックでお産をすると冬場などはどうしても赤ちゃんの身体が冷えてしまうので何かいい方法はないかと考えていたら、カンガルーケアをやると身体が温かくなると聞き、私のクリニックでもカンガルーケアを始めました。

カンガルーケアは、生まれたばかりの赤ちゃんの身体をよく拭いてから、お母さんの胸で抱っこする方法です。身体の羊水をよく拭き取って抱っこすると、赤ちゃんの身体は冷えないのです。

出産では赤ちゃんの容体が急変し、障害が残ったとして訴訟になるケースもあることから、最初は「大丈夫かな!?」と思ったのですが、『お産の家』で知られる吉村正先生の「死んじゃう子はしょうがない。それはその子の運命だ」という言葉をふっと想い出し、自分の運命をこの子が決めているなら子どもを信じようと思って、カンガルーケアを始めました。

そうしたら、赤ちゃんの身体が冷えないだけでなく、まったく泣かないし、顔を見たらとても穏やかなんです。

しかもその1ヶ月後、健診でその子が来たとき、なんと私の目を見て笑ったんです。

それまで、1ヶ月程度の赤ちゃんが笑うなんて知らなかったのですが、でも明らかに私の目を見て笑ったんですよ。生後1ヶ月目の赤ちゃんはまだ目が見えていないと習っていたのが、確かに私の目に焦点を合わせてニコッて笑ったので、「見えてるんだ！」とびっくりしました。

それで、助産師さんに、

「赤ちゃんって表情があるみたいよ」といったら、

「ありますよ」といわれて、

「えっ、私だけが知らなかったの？」と（笑）。

「赤ちゃんは泣くのが当たり前」と思っている人は多いと思いますが、実は泣かない赤ちゃんもいるのです。

『誕生を記憶する子どもたち』（春秋社）という本を書いたデーヴィット・チェンバレン博士は、「いいお産かどうかは、赤ちゃんが笑って産まれるか、泣いて文句をいっているかで区別できる」と20年前に語っています。いまだにその基準が広まっていないのは、残念です。

そんなこともあって、もし赤ちゃんの目が見えているとしたら、いいお産だったかどうか赤ちゃん自身が表情で表わしているかもしれないと思って、赤ちゃんの顔を注意して見るようにしたんです。

そうしたら、中にはこっちをにらみつけて文句をいっているような子もいれば、仏さんのような穏やかな表情の子もいました。

どんなときに赤ちゃんが怒るのかをよく観察したところ、お腹の中の赤ちゃんに事前に断らずに吸引分娩したり、帝王切開をしたときなどに怒った表情をする子がいることがわかりました。

たぶんその理由は、赤ちゃんにもお産のリズムというのがあり、それを乱されるからではないか、と考えています。

それとは別に、吸引分娩や帝王切開をすると、赤ちゃんの背骨が歪みやすくなり、そのまま身体の不調につながるからでもあると思います。

なぜそういえるかというと、以前アメリカに行ったときに、鍼灸の先生から吸引鉗子分娩は調整の仕方を知らないと背骨が歪んだままになり、「後になって頭痛や肩凝りなどいろんな不調に見舞われる可能性があるので、出産直後にその場で調整したほうがいい」と聞いていたからです。オステオパシーでも、そのようにいわれています。

一般的にはそんなことはほとんど知られていませんが、ホリスティック医学の父と呼ばれるエドガー・ケイシーさんは、リーディングの中で育児関係のことも数多く語っておられ、その中で、「赤ちゃんが生まれたら1ヶ月後から1年間は背中をマッサージするように」とちゃんと述べているそうです。

「いいお産」は、妊娠中からどれだけ赤ちゃんに意識を向けるか

池川　でも当時は、難産でどうしても吸引をかけないといけないケースもあったので、赤ちゃんに聞かずにやったところ、その子からすごい顔で睨《にら》まれたんです。

まるで「このやろー、ヘタなお産をしやがって！」というような表情で。なので、すぐに「ごめんね」と謝りましたが（苦笑）。

胎内記憶に対してはまだ確信を持っていなかった頃の話なんですが、今度吸引が必要

になったらお腹の赤ちゃんに直接聞いてみようと思って、習っていたダウジングを使って、赤ちゃんに「お産を手伝っていい？」と聞いてみたんです。

そしたら、はっきりとした「イエス」や「ノー」ではなくて、その中間の「いいけど……」という曖昧な反応でした。

お母さんにもそのことを理解してもらって、吸引分娩をしたところ、その子は生まれてすぐに私の顔を見てまるで「ありがとう」というように穏やかな表情だったんです。事前に赤ちゃんに聞いてやるとこんなにも違うのかと驚いて、チェンバレン博士がいっていたことは正しいなと思いました。


それから何年か経って、別のご夫妻がクリニックに来られて、前日、自分の子どもが「お産ごっこ」をやっていたと報告してくれました。

お子さんがお父さんのTシャツの中に潜り込んで、「引っ張ってー」といっていたそうで、確認したら、その子はうちのクリニックで吸引分娩で生まれたお子さんだったんです。

「確か、事前に聞いてから吸引をかけた子だったたな……」と思いつつ、気になってお

父さんに、
「お子さん、苦しそうでしたか?」と聞いたら、
「いえ、楽しそうに何度もやってました」といわれ、やっぱり聞いてからやっててよかったとホッと胸をなで下ろしました(笑)。

そんな経験をしてから、帝王切開が必要なときにもお腹の赤ちゃんに聞くようにしながら、一時期はオステオパシーの先生にクリニックに来ていただいて、生まれたばかりの赤ちゃんの背骨の調整をしていただいたりもしていました。

そんなことがあったので、「いいお産」は、立ち会い出産すればいいとかカンガルーケアをすればいいといった「形」ではなくて、妊娠中から赤ちゃんにどれだけ気持ちを向けるかが一番大事だということが見えてきたんです。

クリニックを開業したのは1989年なので、かれこれ30年以上経ち、平均すると毎年ほぼ100人の分娩に立ち会ってきました。

その後、主力の若手助産師さんが病気や転職でクリニックを辞めてしまったので、現

在ではお産の取り扱いはやめて、外来診療だけにしています。

でもその分、自由な時間が増え、今は一般社団法人胎内記憶教育協会を立ち上げ、胎内記憶を広めることに努めています。

世界初の大規模アンケートの結果を国際産婦人科学会・日本赤ちゃん学会で発表

編　先生が胎内記憶に着目されるようになった、直接のきっかけは何だったのですか？

池川　開業して10年ほどたった頃に、飯田史彦さんの著書『生きがいの創造』（ＰＨＰ研究所）を読んだことがきっかけで胎内記憶に興味を持つようになったんですが、初めは私も半信半疑でした。

ところが、うちのクリニックのスタッフから、

「私の甥はお母さんのお腹の中にいた頃の記憶があって、お母さんのお腹の中はとて

も気持よくて、寝てたといっています」と教えてもらったり、
「小学生の孫が、生まれたときのことを作文に書いていたんですよ」と知らせてもらったりしたんです。

それで、クリニックに妊婦健診でいらっしゃるお母さんたちに、
「お子さんたちはお母さんのお腹の中にいたときや、生まれたときのことを話すことがありますか?」と質問するようにしてみたところ、かなりのお母さんが、
「実は……」と少しためらいがちに打ち明けてくれるようになったんです。

その頃は、胎内記憶が日本で話題になることもなく、情報もほとんどなかったので、話してくれたお母さんの大半は、ご自身が半信半疑でした。

そこで、うちのクリニックに通院しているかたや協力してくれる助産院、保育園にアンケート用紙を配って、2000年8月から12月にかけて調査をすることにしました。

アンケートが返ってきた79人のうち、胎内記憶があるという回答は53%、誕生記憶があるという回答が41%もあったんです。

もっと正確な調査の必要性を感じていたところ、２００２年から２００３年にかけて長野県の諏訪市と塩尻市の協力を得られることになって、すべての公立保育園で３６０１組の親子のアンケート調査を行いました。

回答率は約45％で、その結果、はっきりとした形で胎内記憶と誕生記憶の存在が裏づけられたことから、国際産婦人科学会（２００３年チリ）と日本赤ちゃん学会（２００４年京都）で発表しました。

これほどの規模のアンケート調査は世界初だったこともあって、たくさんの科学者に興味を持っていただき、おかげで『朝日新聞』をはじめ、いろんな雑誌でも取り上げられました。

記憶がある子どもの年齢は2歳から3歳頃が最も多くて、最年少は生後10ヶ月の赤ちゃん（二人）でしたが、その子はお母さんの問いかけに身振り手振りで答えています。

でも、同業者たちからは、「そんなの子どもが親を喜ばせるために勝手にいっているだけだ」などと批判されたり、データも見ずに否定的な評価を下されたりしたので、「科学者であっても、意外に自分で調べずに思い込みで決めつけるんだな」と思いました。

それから現在まで、1万人を超えるアンケート調査をしてきましたが、結果的には、子どもの性別や両親の職業・年齢などの共通点はありませんでした。

それと、筑波大学の宗像恒次《むなかたつねつぐ》先生からは、赤ちゃんの記憶には「オキシトシン」が関係していることを教えていただきました。

宗像先生はSAT療法の開発者で、ペルーの日本大使公邸人質事件（1996年）があったときに、被害者のカウンセリングをされたかたです。

宗像先生によると、お産のときに出るホルモンのオキシトシンは記憶を消す作用があるけれど、難産だとオキシトシンが出にくくなって、赤ちゃんの記憶が残りやすくなるそうなんです。

3601名を対象としたアンケート調査では、約3割の記憶がある子どもたちの中で、帝王切開や難産だった子どもの人数などを確認したところでは、相関関係は認められませんでした。

驚いたのは、帝王切開で陣痛があった人も陣痛がなかった人も、子どもの記憶の差は出ていなかったことです。もし、出産時のオキシトシンの量で子どもの記憶のある・なしが決まるなら、お母さんの陣痛がある・なしで差があるはずなのに、そこには差がない。ということは、もしかしたら、出産後の授乳や抱っこでもオキシトシンが出るので、記憶が残るかどうかに差が出るんじゃないかと思ったんです。

もしそうだとすると、出産時だけでなく、産後どう扱われたかで赤ちゃんの記憶にも差が出るのかもしれないですよね。

お産のときのお母さんの感情は、赤ちゃんの感情や記憶とも関係している

池川　３６０１名の調査結果を見ておもしろいなと思ったのは、お母さんの感情と子どもの記憶が関係していたことです。
医学的な意味での難産（註：陣痛促進剤の点滴、鉗子や吸引器による吸引、緊急帝王

切開など）とは別に、「自分のお産を安産だと思いますか、それとも難産だと思いますか」という質問に対して、「難産だと思う」と答えたお母さんの子どものほうが記憶が残りやすいということがわかったんです。

それには、わずかでしたが有意差がありました。自分のお産がたいへんだと感じていたお母さんの子どもは、胎内記憶を残しやすいようなのです。しかし、その9割がポジティブな記憶なので、あまり問題はなさそうです。

ということは、お母さんは帝王切開が「難産」だと思っていたとしても、子どもにとっては、帝王切開で生まれることが最適なお産だったのかもしれません。

いずれにしても、お産のときのお母さんの感情が子どもに影響を与えていることは間違いなく、それを裏づける科学的データがまだなくても、実際には多くの人がそのことを直感したり、経験的に実感しているのではないでしょうか。

これまで胎内記憶の調査をしてきて思うのは、お母さんが「幸せ」「ハッピー」と思えるかどうか、ようするに、生まれてくる赤ちゃんにとってはお母さんの感情や感性が一番大事だということです。

本人が幸せと思えていれば、どんなお産であってもハッピー。お母さんがハッピーな気持ちでお産に臨めれば、産まれてきた子も泣かずに笑っている、そんないいお産ができるんですね。

2008年、横浜で行われた世界乳幼児精神保健学会世界大会で発表された、フィンランドの研究者、トゥーラ・タンミネンさんの研究では、子どもの運動・神経発達や社会適応性とお母さんの感情には、相関性があることがわかっています。

出産直後や3ヶ月後、3歳、4歳などのポイントポイントで、18年間追跡した8000人のデータでわかってきたのは、神経発達と運動発達に問題が少ないのは、幸せを感じているお母さんの子どもでした。しかも、出産したときのお母さんの幸せ感が、その後の子どもの成長に、調査期間中ずっと影響を及ぼし続けていたというのがその調査結果の骨子です。

お母さんがハッピーでいることが、子どもの成長に大きく影響するのですね。

この研究結果は、私が行ったアンケート調査の結果と似ていて、このことからもいかにお産時のお母さんの幸福感が大事かがわかります。

なので、たとえどんなにたいへんなお産であったとしても、産科医がまっ先にお母さんにかけるべき言葉は、「お母さん、おめでとう！」の一言なんだと思います。

とはいえ、言葉に気をつけないと後で訴えられたりする、そんなご時世なので、医者は自分を守るために、ネガティブなことをいい続けることが多いようです。

ポジティブなことをいっていて結果が悪かったときに責任追及をされることを恐れ、少しでもリスクのあるお産は、帝王切開になってしまうんです。

帝王切開しておけば、たとえ赤ちゃんが助からなかったとしても、「やることはやったので、仕方がなかった」といえますから。

でも最近は、赤ちゃんを温かく迎える自然なお産と機械的に対処されるお産では、赤ちゃんの心に与える影響が大きく違ってくることが少しずつ知られるようになって、そのことに気づいたお母さんたちは、病院ではなく、助産院でのお産を選ぶようになってきています。

胎内記憶に関しても、今はたくさんのかたが関心を持ってくださるようになって、私も一緒に対談本を出したり講演をさせてもらった、すみれちゃんの『かみさまは小学5年生』（サンマーク出版）などは35万部以上も売れているそうです。

今は中学生になった、すみれちゃんと

胎内記憶のことを知ってもらって、ぜひ「いいお産をしてほしい」

池川　私が胎内記憶のことをいろんな人に知ってもらいたいと思って活動をしている理由は、一言でいえば、お母さんに、「いいお産をしてほしい」「こじれたお産をしてほしくない」ということに尽きます。

子どもは、胎内にいるときにちゃんと周囲の声を聞いているので、お母さんやお父さんはしっかりと話しかけてあげてほしいんです。それをくり返していると、お母さんもお父さんも気持ちがハッピーになってきて、産まれてきた子も泣かずに笑っている、そんないいお産ができるんです。

どう見ても笑っているとしか見えない表情を浮かべて、ちゃんとこちらに目を合わせてくれるので、とてもいい感情を持って生まれてきてくれたことがはっきりわかります。

そんなふうに人をハッピーにするお産をするために、お母さん自身ができるだけハッピーな気持ちでいてほしいし、そのためにも少しでも多くの人に胎内記憶について知っていただければ嬉しいなと思って、自分でも楽しみながらやっています。

保江　なるほど。特に今、池川先生がおっしゃられた、お母さんが自分のお産は安産だった、幸せだったと思うことが大事で、そうすれば子どもも幸せになれる、つまり天の才を発揮できる、ということなんでしょうね。

自分が幸せだと思い込む、これが一番のポイントですね。

池川　そうですね。自分の人生はすべて幸せなんだと思い込むことができれば、きっとそれですべてがうまくいくんでしょうね。

編　コンピュータの初期設定のような感じですね。

池川　ところが、ほとんどのお母さんが、残念ながらお産のときの初期設定をネガティブにしてしまっているんですよ。

よくある話なのですが、妊婦さんが辛そうにしていると、横で旦那さんが奥さんの背中をさすりながら、

「大丈夫、大丈夫、大丈夫！　心配ないよ！」と励ましの声をかけてあげるんですが、

「何を根拠に大丈夫なんていえるの？」と、旦那さんにくってかかるような場面がよくあるんです。

反対に、

「おい、顔色が悪いぞ。ちょっと病院で診てもらってきたほうがいいぞ」といわれると、

「何を根拠にそんな不吉なことというの？」とはいわずに、
「そうね、じゃあ病院に行ってくるわ」と、自分にとって悪い情報は無条件に受け入れがちなのです。

たぶんそれは、自分を危険から遠ざけ、身を守るために人間が持つ、本能なのかもしれません。

つまり、ポジティブなことに対しては根拠がないといって疑い、ネガティブなことに対しては根拠は求めずにすぐに受け入れる、という、そんな初期設定が人間にはなされているようなのです。特に、妊娠中に強く出る感じを持っています。

次女が生まれたスイスの病院では、分娩室だけが山小屋風だった

保江　確かに、僕も長年、女子大で教えていたのでわかりますが、その背景には、いわゆる左脳に偏った戦後教育の影響も大きいかもしれませんね。

池川　はい、そう思います。科学的な根拠を求める理性も大事ですが、もっと自分の直感や感性を信頼してほしいですね。そうすればいちいち周りと比べる必要もなくて、自分はなんてハッピーなんだろうと思えるのに……。

左脳といえば、私も学生時代はそれなりに真面目に授業に出ていました。一生懸命ノートを取っていたんですが、いつも私のノートを借りていく友だちのほうが要領がよくて、彼のほうが試験に出る箇所だけをすぐに覚えて、いつもテストの点数がよかったりして（笑）。

保江　その彼のように、今の日本で一般的に「頭がいい」とされているのは、単に記憶力がいいということだけなんです。

だから、これから本当に頭がいい子どもたちを育てていくには、「自分は幸せなんだ！」と思えるような感性を磨くことでしょうね。

先ほど池川先生のお話を聞きながら、僕の子どもたちが生まれたときはどうだったかなぁと想い出していました。

一人目の子どもは日本で生まれたんですが、二人目が生まれるときは、僕たち夫婦はスイスで暮らしていたので、次女はジュネーブ州立病院で生まれたんです。

保江邦夫氏

スイスのお産は、医療スタッフ以外に必ず夫か、夫の代理の男性が立ち合わないといけないことになっています。

しかも驚いたのは、その病院の分娩室のつくりが日本のような一般的な分娩室とはまったく違っていたんです。

待合室や診察室などはごく普通の近代的なつくりなのに、なぜか自動ドアの先にある分娩室だけが、スイスの山小屋のようなつくりだったんです。

そこは木製の部屋で、一般家庭に置いてあるような調度品もあって、そんなコテージ風のアットホームな部屋の中で、妊婦さんがお産をするんですね。

僕が立ち合ったときは、年配の助産師さんと若い助産師さんの二人がやってきて、二人ともエプロンのようなユニホームを着ていました。

「あれ、お医者さんは来ないのかな⁉」と思って周りを見回していたら、分娩室の上のほうがガラス張りの窓になっていて、その外側から3人の医師が、腕組みをして中の様子をじっと見ていました。

たぶん、万が一に供えて見ながら待機していたんだと思いますが、結局、助産師さんだけで無事、子どもを取り上げてくれました。

後で聞いたら、そのコテージ風の分娩室は、緊急処置が必要になるとまるで忍者屋敷のように回転して、超近代的な医療設備がある部屋へと一瞬で様変わりすることがわかって、それにも驚きました。

幸いにも、僕の子どものときにはその部屋を使うことはありませんでしたが、そのときスイス人の医療スタッフから、

「一番いいお産は医者が出てこないことですよ。よかったですね」といわれ、スイスでも昔から続いてきたように、家の中で助産師さんに取り上げてもらうのがいいお産なんだなということがわかりました。

日本人はお産の痛みを我慢するが、白人女性はお産の痛みに弱い!?

池川　それはおもしろいですね。どのくらい前なんですか?

保江　その子がもう38歳になるので、今から38年前のことですね。
ご存知のようにスイスは山岳地帯が多く、冬場、雪が積もると車でも移動がしにくくなって、そうなると自分の家の中でお産をするしかなく、村の助産師さんに来てもらって赤ちゃんを取り上げてもらう。そんな、昔からの伝統が続いてきたんじゃないかなと思います。

池川　それは、昔の日本と同じですね。私が助産師さんから聞いた話では、江戸時代に大名行列を止めていいのは産婆さんだけだったそうで、それくらいお産婆さんは人の命に関わる大事な職業だったんでしょうね。

保江　実は、スイスでは僕の子どもだけじゃなくて、僕の職場の同僚から頼まれて、奥さんの出産にも立ち合ったことがあるんです。

その同僚から、

「俺が兵役に就いて家にいない間に妻が出産することになったら、俺の代わりに立ち合ってほしい」と頼まれて、

「えっ、僕でいいの⁉」と、同僚の奥さんの出産に立ち合うことになったんですね。

彼としては、奥さんのことをよく知っている男友だちよりも、あまり奥さんと接触したことのない僕のほうが頼みやすかったみたいです。

なぜか立会人は女性はダメだそうで、奥さんの許可を得た男性とのことでした。

たぶん、旦那さんが立ち合えなくても、男女としてのペアが望ましいということなの

でしょう。

それで、彼の奥さんの許可を得て僕が立ち合ったんですが、お産の途中で助産師さんからお医者さんに交代することになって、その時点で僕は、分娩室から出たんです。

後でお医者さんから、

「日本人の女性は強いからお産のときにも泣かないけれど、ヨーロッパの白人女性は泣き叫ぶから困ったでしょう⁉」と同情するような言葉をかけられました。

おそらく、日本の女性は一生懸命我慢するので、助産師さんだけで手が足りる、でもヨーロッパの女性は、自分はこんなにもたいへんなんだと身振り手振りで思いっきりアピールをするので、コンディションもなおさら悪くなって、お医者さんが出てくる率が高くなるということらしいんですね。

池川　やっぱり、日本の女性は我慢強い（笑）。

そういえば、昔アメリカに行ったときに聞いた話ですが、ある心理学者の女性が産婦人科のドクターに、

「私は自然分娩がいいわ」といったら、

「まるで動物みたいね」といわれたといって憤慨していました。

今から50年以上も前の話ですが、その頃からアメリカでは無痛分娩が普通になったので、彼女は非常に奇異な目で見られたんですね。

彼女はその医師たちのことを、

「彼らは人間が動物だということをすっかり忘れてしまったのね」と嘆いていましたが、確かに、お産もできるだけ自然な形が望ましいとはいえるでしょう。

保江　スイスの病院の分娩室が山小屋風だったのも、妊婦さんが近代的な機械に囲まれて怖い思いをしないように、自宅のような自然な環境の中で、リラックスしてお産をしてもらうためなんでしょうね。

Part 2

すべての情報が畳み込まれた「ゼロポイントフィールド」から見た、心の働きとは

そもそも宇宙空間はどうなっているのか？

編 スイスの話が出たところで、保江先生の物理学者としての功績についてお話しいただけますか。

保江 そもそも僕が物理学を目指したのは、天文学が好きで、ＵＦＯや宇宙人に関心があったからです。そのために、東北大学で天文学、それと並行して京都大学大学院で物理学を修めることになったんですが、その後に、素粒子論の理論物理学者である高林武彦教授を慕って名古屋大学大学院に編入しました。

このときの編入試験では、10余人もの志願者に対して一人しか合格できない高倍率の中、奇跡のような形で合格を果たすことができました。

おかげで、理学博士号を取得して退学するまでの2年間に、８本の論文を欧米の専門誌に発表するなど、研究活動に専念できました。

それから、またしても奇跡といえる形でスイスのジュネーブ大学への就職が決まり、ジュネーブ大学の理論物理学教室に４年間、在籍していました。

大学では、チャールス・Ｐ・エンツ教授に師事していたのですが、エンツ先生はスイスの天才物理学者ウォルフガング・パウリの最後の助手で、僕は主に確率制御問題に没頭しながら、湯川秀樹先生が１９６２年頃に提唱されていた素領域理論に関する研究をしていたんです。

素領域理論とは、そもそもこの宇宙空間はどうなっているか、つまり「空間とは何か？」という理論物理学の最も基礎となる考えかたです。簡単に説明しておきますと……。

湯川先生は、空間（真空）というのはまったく何も存在しないのではなくて、見えないツブツブの小さな泡のような超微細構造になっていると捉え、この泡を「素領域」と名づけました。

素領域は、素粒子ができる前の最小単位の空間のことで、量子力学によって記述される素粒子の性質やふるまいについて、より深いレベルから解き明かすことができるのが、素領域理論です。

素領域理論では、真空のエネルギー場、これは「ゼロポイントフィールド」とか「量子真空」などとも呼ばれますが、そこに泡のような素領域がたくさん浮いていて、エネルギーはその泡の中でのみ素粒子として実体化し、泡を通過するとエネルギーに戻り、次の泡の中で再び実体化すると考えます。

つまり、素粒子は、ある素領域（泡）から別の素領域（泡）へジャンプするように飛び飛びに移動している、でもその素領域があまりにも小さいために、見かけ上はまっすぐに動いているように見えるのです。

僕がこの素領域理論を裏づける方程式を発見したのは、スイスのジュネーブ大学で理論物理学科の講師をしていた頃の話です。

ある日、出張講義に行く途中、ドイツのアウトバーンで愛車ランチアを飛ばして時速190キロメートルを超えたところで、突然、超感覚的な状態に陥《おちい》ったんです。

猛スピードを出して走っている最中、突然周囲のすべての音が消え去ったかと思うと、車の振動もまったくなくなって、ただ景色だけが流れていきました。

「どうしたんだろう？　もしかして車が何かに激突して、僕は死んじゃったのかな？」と思ったくらいでした。

すると、僕の額の裏側としかいえないところに、素領域理論からシュレーディンガーの波動方程式を導くための方程式がパッと出てきたんです。

素領域理論が正しいかどうかは、量子力学の基本となるシュレーディンガーの波動方程式を導き出せるかどうかを示すことができればよくて、それができれば素領域理論は量子力学と矛盾なく成立し、正しい理論と見なされます。

そのとき僕の脳裏に浮かんだ方程式は、まさにそのシュレーディンガー方程式を導き出せるものだったことから、これがのちに「Yasue 方程式」として広く世界に知られることになりました。

そこで、素領域理論に関する論文を書いてアメリカの物理学会に投稿したところ、普通ならほとんど落とされるか、少なくとも書き直しをせまられるところなのに、なんとまったく無条件でそのままの内容で僕の論文が掲載されたんです。

そのため反響も非常に大きくて、ヨーロッパ中からオファーを受け、講演をするために各国を回ることになりました。

物理学者としてあぶらがのりきった頃、急きょ日本に帰国することに……

保江　ちょうどその頃は、物理学者としてあぶらがのりきった時期でした。

世界のトップクラスの物理学者や数学者たちとも交流が持てたり、あちこちからお声がかかっていたのでそのままヨーロッパに滞在することもできたのですが、いろんな事情が重なって、急きょ帰国することになったんです。

帰国することになった一番大きな理由は、ある武道の達人に入門できるという、僕にとっては千載一遇のチャンスが訪れたからです。

僕は、大学時代から合気道をやっていて、スイスに行ってからも合気道を教えていたんですが、スイス人はとても大柄な男性が多く、日本人相手のようにはいきませんでした。なにしろ、僕の太腿くらいある丸太のような大きい腕をした巨漢もざらにいたからです。

そんなスイス人男性たちに稽古をつけていたら、あるとき2メートル以上もある門人が僕の顔を見てニタッと笑いながら、

「本当は効いていないことはわかってるだろ？　お前も日本から来てメンツがあるだろうから、本当は効いていないことをお前が認めるならここで倒れてやるぞ」と耳元で囁きました。

実際、日本人相手のように軽々とは倒せなかったのは事実なので、彼にしぶしぶ、

「認めるよ」と答えたら、

「なんだ、お前もわかってるじゃないか」といってみんなの前で倒れてくれて僕の面目が保たれた、なんてこともありました。

そんな合気道の指導をスイスで3年間ほど続けていたある日、僕の合気道の先輩がヨーロッパに来る機会があって、久しぶりにその先輩と組手をしたところ、それまでは10回やって8回は僕が負けて2回くらいは勝てる程度の実力差だったのが、何度対戦しても

僕が完敗するほど、先輩の腕が上達していたんです。

びっくりして、

「先輩、どうしたんですか?」と聞いたところ、

「実はすごい達人に会って、今まで習っていた先生の道場には行っていないんだ」とのことでした。

「その達人は合気道の先生なんですか?」と聞いたら、

「いや、大東流合気柔術の佐川幸義先生だ」と教えてくれました。

大東流合気柔術というのは、武田惣角《そうかく》が創始した合気道の前身にあたる日本古来の柔術で、佐川先生は武田惣角の直弟子にあたるかたです。

先輩は、合気道の開祖である植芝盛平翁も学んでいた大東流の継承者を探して日本中を回り、やっと佐川先生に巡りあうことができたそうで、しかもその「武の神人」と称される佐川先生に、指1本で完膚なきまでいとも簡単に投げられてしまったというんです。

佐川先生はその当時、80歳を過ぎておられましたが、僕もぜひともその「武の神人」に入門したいと思って先輩にお願いしたら、

「ダメダメ、俺も半年間通い続けてやっと許可をいただいたくらいだからそれはムリだ」といわれました。それでも、

「何とかお願いしてもらえませんか」とくい下がっていたところ、先輩は帰国後、佐川先生に僕の話をしてくれたのです。

そうしたら、佐川先生が、

「その彼はスイスに住んでいるのか。彼が日本に戻ってくるくらい腹が据わっているなら入門させてやるぞ」といってくださったそうで、先輩はその旨を僕にエアメール（航空郵便）で知らせてくれました。

先輩からのエアメールを見た僕は、「これはすぐに日本に帰らなきゃ」と思い立ちました。

もちろん、物理学者としての葛藤はあったけれど、それまで誰も相手にしていなかっ

た湯川先生の素領域理論をシュレーディンガー方程式を導く理論としてちゃんと証明できたことで、もう僕の仕事は終わったという達成感があったのと、何としても佐川先生に弟子入りしたいという一心で、スイスを離れる決意をしたんです。

それで帰国して、佐川先生と初めてお目にかかることができたのですが、僕が本当に仕事を打ち切ってスイスから日本に戻ってきたので、先生もとても驚かれていました。

人間の本質は身体ではなく、身体以外の見えない「何か」である

保江　僕が何としても佐川先生の指導を請《こ》いたいと思ったわけは、実は先輩がスイスを訪れたときに僕にすごい秘技を教えてくれて、どうしてもその原理を知りたかったからです。

そのときに先輩から、

「人間には身体の筋肉以外に重要な部分がある。そこを鍛えていないから身体の大きいヤツに負けるんだ」と聞かされ、実際に組手で筋肉と筋肉以外の「何か」がどう違う

かを身をもって体験させてもらったんです。

初めに、先輩が筋肉の力を使って技をかけてきたので、僕がそれに合気の技で抵抗したところ、技はかかりませんでした。

次に先輩が、

「じゃあ、今度はお前の筋肉以外の力を切るぞ」といって、僕の身体には触れずに、指で僕の身体の上空を切る仕草をしてから、僕の身体を軽くポンと押したところ、僕はまったく抵抗できずにすごい勢いで投げ飛ばされたんです。

「今、何をしたんですか?」と聞いたら、

「何もしてないよ。お前の本質のほうを止めたんだ」といって、人間の本質は身体以外の見えない何かである、と諭してくれたので、

「じゃあ、その本質のほうを鍛えるにはどうしたらいいんですか?」と聞き返しました。

すると先輩は、

「本当は教えないいんだけどな。でも、お前もスイスで一人で頑張っているんだから教えてやるよ。それは、四股《しこ》を踏めばいいいんだよ」といったのです。

でも僕は物理学者なので、

「四股を踏んだって足腰が強くなるだけじゃないですか⁉」といい返しました。すると、

「いや、違う。四股を踏んで足腰を鍛えているると思っているだけではまだまだ。とにかく踏んでみればわかる」と一蹴されたので、

「1日どのくらい踏んだらいいんですか？」と聞いたら、佐川先生は毎日2000回踏んでいて、先輩は1日1000回踏んでいるとのことでした。先輩から、

「初めからはムリだから、お前はせめて200回やれ！」といわれたので、スイスにいる間、1日200回四股を踏むようにしたところ、すぐに変化が起きました。

まず50回ほど踏んだ時点で、頭から汗が噴き出てきます。普通なら、大腿筋など何度も動かしている部位からジワッと汗が出てくるように思いますが、そうではなくて、なぜか頭皮だけから汗がボトボト流れ落ちてきて、しかも身体は冷たいままなんです。

四股を踏むたびに、バシャバシャと音を立てながら汗が噴き出してくる。けれど、その出所はあくまで頭、頭皮からだけなのです。

その成果を身をもって確認したのは、四股を踏みはじめてからちょうど1週間後でした。

いつものようにスイス人相手に合気道の指導に臨んだとき、以前、わざと僕に負けたように見せかけて倒れた2メートル以上ある巨漢の男性を呼んで、今度は僕から、

「今日は思いっきり力を使って抵抗してみてくれ」と彼にいいました。

すると彼は、渾身の力を込めて抵抗を試みたのですが、僕がかけた技でいとも簡単にバーンと飛んでいったのです。

僕以上に、彼自身が「えっ？」といった表情で驚いていましたが、何度やっても同じ結果でした。

彼は、誰もが見上げるような大男で、木こりのように腕っぷしもとても強いので、今まで誰にも倒された経験がなかったのでしょう。初めて打ち負かされたショックを、隠しきれない様子でした。

結局、何度も床に叩きつけられることになった彼が、

「もう勘弁してください」といってきたのでそこでストップしましたが、稽古終了後

に僕のところにやってきて、

「もう、先生は根性が悪いよね。こんなにすごい先生なんだったら、最初から隠さずにその力を見せてくれればよかったのに。てっきり他の日本人の先生と同じだと思って、この前はあんなことしちゃったけど、悪かったね」と謝ってきたのです。

しかも、他の門人たちの前で、

「あれは俺が勝手に倒れたんじゃないぞ。初めて俺を倒した日本人が現われたんだ！」と大きな声で証言してくれて……。

それまでは、僕がわざと力を出していなかったに違いないという彼の勘違いを、僕はあえて訂正しませんでした（笑）。

わずか1週間だけ、先輩にいわれたとおりにただひたすら四股を踏んでいただけで、それまで絶対に倒せなかった巨漢のスイス人をいとも簡単に倒すことができたのは、偽らざる事実です。

これは明らかに、僕の筋肉以外の「何か」が上達したからに違いありません。

この不思議な体験をしたおかげで、「この原理を知るためには、ぜひとも佐川先生のところに行かねば！」と思ったのです。

ようするに、スイスから日本に帰国したのは、人を倒すための新たな技を身につけるためではなく、四股を踏むことでなぜ人間の本質が鍛えられるのか、その原理を知りたいというのが一番大きな理由だったのです。

「君のようにやさしい人間はもう強くはなれない」といわれた意味がわかった!!

保江　そんな経緯があって佐川先生に入門し、小平市にある佐川道場に通いながら稽古をつけていただけるようになったのですが、四股を踏むこと以外、佐川先生からは時々技の指導を受けることはあっても、特別な指導は何もありませんでした。

佐川道場では2年間ご指導をいただき、黒帯もいただくことができたのですが、僕が最初に道場を訪れたときに、佐川先生が開口一番、

「君のようにやさしい人間はうちに来てももう強くはなれないよ。それでもよかったら来なさい」とおっしゃってくださったんです。

でも、その言葉の意味を僕が理解できたのは、ずっと後になってからのことでした。


その後、佐川先生は、1998年3月24日に、満95歳で逝去されました。

僕は、カトリック修道師に伝えられていた活人術である冠光寺眞法（コミュニタ）に基づく護身技術として、物理法則に裏づけられた力学技法をも加味した冠光寺流柔術を完成させることができ、不思議な技も多少使えるようになって、やっと佐川先生がおっしゃられた言葉の真意がわかるようになりました。

それは、「真の武道家にとって最も大切なのは、愛、やさしさである‼」ということです。

仮に、ナイフのような凶器を持って自分を刺し殺しにきた相手に対しても、愛を向けなくてはいけない。そうすれば、相手はいとも簡単に倒れる。

反対に、こちらが怒ったり闘争本能を出したら、相手に刺されて殺される。

それは力対力の勝負であって、ほとんどの武道、とりわけ西洋の武術はそのような殺すか殺されるかの技の競い合いです。

しかし、「自分は死んでもかまわない、でもあなたは生きてくれ」という真心を持って目の前の相手と対峙すれば、力対力による勝ち負けではなく、愛の働きによって共に活かされるのです。

このことがわかったときに、入門時、佐川先生は僕とは初対面なのに、「君のようなやさしい人間はうちに来てももう強くなれないよ」といわれた意味がやっと理解できたのです。

「愛があれば充分に強いから、もうそれ以上学ぶことは何もないよ」ということです。

では、人間の本質を鍛える方法が、いったいなぜ四股を踏むことなのか？

その理由が理解できたのは、二人目の子どもが生まれて、それまで住んでいた東京から郷里の岡山に戻ってからのことです。

スイスから帰国して、東京では総合電機系の大企業の研究所に勤務していたのですが、もともと一匹狼的な僕にはそこでの仕事は合わなかったことと、家族が病に倒れたこともあって、岡山への移転を決めたのです。

そこで、佐川先生にかくかく然々《しかじか》で「岡山に帰ることになりました」とご報告したところ、先生が一対一で最後の組手指導をしてくださったのですが、それは今でもとてもありがたい貴重な想い出になっています。

思いがけないローマ教皇庁からの推薦状、そしてシスター渡辺との出会い

保江　岡山で転職先を見つける際、ちょうど家の近くに小さい頃よく遊びにいっていたカトリック系の大学（ノートルダム清心女子大学）があったので、その大学に物理の教員の空きがあればいいのになぁと思って、同級生の北村好孝君に相談してみました。

するとと北村君が、

「スイスで知り合った教会の関係者に推薦してもらえば」と提案してくれたので、僕

はスイスでたまたま知り合った神父さまに連絡を取ることにしました。

そのかたのお名前はドゥロービエという神父さまで、彼はジュネーブ大学の宗教哲学の教授で、国連のＩＬＯ（国際労働機関）の部長も兼務していました。

以前、僕が少し手助けをしたことがあって、そのときに彼が、

「今度何かあったら君の助けになるから、困ったことがあったら何でもいってくれ」

といってくれていたからです。

どんなお手伝いをしたかというと、ドゥロービエ神父さまがスイスで世界の労働者と宗教に関する国際会議を開催される際、

「各国の専門家たちが、日本の高度成長と仏教の関係について知りたがっている。ついては、その方面に詳しい日本の専門家に来ていただきたいので、誰か紹介してもらえないだろうか？」といってこられたので、それなら、仏教学者の中村元先生が適任だろうと思って、僕から中村先生に連絡を入れたんです。

中村先生は、すでに東大を退官されていて、ご自身の代わりに適任者がいるとのことで、

そのかたが費用も先方持ちでその国際会議に出席してくださることになったので、それでドゥロービエ神父さまもとても喜ばれたのです。

そんないきさつがあったので、僕は神父さまに、「推薦状を書いていただけませんか」と手紙を送ったんですが、なぜか3ヶ月ほど経っても一向に返事がありませんでした。

1982（昭和57）年の3月半ばを過ぎて、もし推薦状が届いたとしても、その年の女子大の採用枠は決まっているだろうなと、僕は半ば諦めかけていました。

ところが、なんと3月末に突然、ノートルダム清心女子大学から、

「明日、私どもの学長がお目にかかりたいので、当校にいらしてください」との電話連絡があったんです。

僕は、「えっ、どういうことなんだろう⁉」と不思議に思いながら、翌日、大学を訪れました。

当時の学長は、今はご著書の『置かれた場所で咲きなさい』（幻冬舎）でも有名な、シスター渡辺こと渡辺和子さんでした。

シスターは、かつての陸軍教育総監だった渡辺錠太郎氏の次女で、彼女はまだ9歳だったときに、陸軍青年将校らによる2・26事件（1936年2月26日）によって父親が殺害される場面を目撃するという、たいへん痛ましい体験をされていました。

僕は内心、「このかたがあの有名な渡辺和子さんなのか」と思いながらシスター渡辺の前に立っていたら、シスターが「こんなものが参りましたのよ」といって、一通の推薦状を僕に手渡してくれました。

差出人を確認したところ、ドゥロービエ神父の名前はどこにも書かれておらず、どうやらバチカンから届いた手紙のようでした。

実は後で知ったのですが、ドゥロービエ神父はポーランド出身で、同じポーランド出身の当時のローマ教皇ヨハネ・パウロ2世と個人的に懇意にしていたことから、ドゥロービエ神父はこの数ヶ月の間、超強力なコネを使ってローマ教皇に働きかけてくださっていたのです。

つまり、なんとそれは、正真正銘の教皇庁からの推薦状だったのです‼

僕がそこでふっと目を上げたら、シスターはまっすぐに僕を見据えながら、

「ここに書かれているドクターヤスエというのは、あなたさまですよね⁉」といわれました。僕が、

「はい、そうです」と答えると、シスターはこうおっしゃったんです。

「私ども、日本カトリック教団の末端に位置する者にとって、ローマ教皇庁からこうして直接依頼のお手紙をちょうだいすることなど、普通ありえないことです。この推薦状は、命令書に等しいものです。ですから、私どもはその命令に従う他に選択肢はございません。明日4月1日から、本学にお越しいただけますか?」と。

もちろん、このときは、僕もシスターもお互いのことについて何も知りません。シスターからすれば、突然現われた得体の知れない男、片や僕にとってシスター渡辺は、幼くして歴史的な大事件に遭遇し、しかも若くして大学の学長に抜擢された伝説上の人物です。

それが、ドゥロービエ神父さまの働きかけによって、はからずもローマ教皇経由で届いた一通の推薦状のおかげで、僕が望んでいた地元の女子大学と大学院に、教授として

招かれることになったわけです。

そんないきさつがあって、のちに僕が「名誉母親」と呼ぶことになるシスター渡辺の「名誉息子」ならぬ放蕩息子として教員生活が始まったわけですが、そのときにお礼の手紙を出したドゥロービエ神父さまからは、

「私のような一介の神父からの推薦状では力が及ばないと思ったので、同じ同郷で友だちのヨハネ・パウロ教皇に頼むしかなかった。だから時間がかかったのだ」との返事をいただいていました。

「名誉母親」ことシスター渡辺と

おかげさまで、大学では35年間大学教員を務め、3年前（2017年）に定年退官しましたが、今の僕があるのもまさにこのような「奇跡」の連続のおかげだと思っています。

Part 3

完全調和の「神さまの世界」からやってくる子どもたち

セックスレスで生まれてきた子どもが20人もいる⁉

編　では次に、最近の先生がたの取組みについてお伺いしたいのですが、保江先生からお願いできますか。

保江　今年の初めに、名古屋で開業されている内科のドクターである高橋徳先生と対談をさせていただいて、それが『最強免疫力の愛情ホルモン「オキシトシン」は自分で増やせる‼』（明窓出版）という本になってこの6月に出版されました。

このときの対談の中で池川先生のお話も出てきたんですが、最近、肉体関係なしに子どもを授かったという人が増えているそうで、池川先生はそれについても研究をしておられて、池川先生と徳先生がそんな話をしているときに、なんと徳先生が「実は私もなんです」と告白されたそうですね（笑）。

池川　そうなんですよ。実はそのとき徳先生は私に、「いわないでね」っていってたんですが（笑）。

保江　いや、もう本に書いちゃってますから（笑）。

池川　その徳先生のお子さんの場合も、徳先生が「僕にそっくりなんだ！」とおっしゃっていて、そのときは、「内科の教授がそんなこといっちゃっていいの⁉」とちょっと驚きました（笑）。

徳先生からお話を伺った時点では、セックスレスで生まれたお子さんは私が知る限り徳先生のお子さんを入れて11人だったんですが、実はそれ以降も増えていて、聞いている限りでも20人にもなります。

中には勘違いしているかたもいらっしゃるかもしれませんが、実際、性的な接触が一切ないのに子どもができたというかたがたくさんいらっしゃるのは事実です。

徳先生のケースと同じように、お父さんにそっくりなお子さんが多いんですが、まったく違うタイプの子どももいます。

最初にその話をお聞きした、神津島のリトリートハウスの女将さんのケースは、『セックスレスでもワクワクを求めてどんどん子宮にやってくるふしぎな子どもたち』（ヒカルランド）という本で書きました。

それ以降、他のご夫婦の旦那さんが、

「実はうちもそうで、まったくそんな記憶がないんですが、生まれてきた子どもが僕そっくりなんです」なんていってきたりして（笑）。

そんな不思議なことがあるのだったら、マリアさまの処女懐胎も実際にあったのかなと思いますね。

編　保江先生も、ちょっとそれと似たような体験がおありだとか……。

保江　いやいや、僕の場合は……。

池川　えっ、保江先生もそんなことがあったんですか？

保江　セックスレス云々ということではないんですが、整体協会を創設された野口晴哉《はるちか》先生がやられていた「愉気《ゆき》」という気功のような技を僕が使ったところ、秘書の女性たちに不思議な現象が起きたんです。

愉気というのは、掌に気を集めて自然治癒力や元気を呼び覚ます方法で、相手に気を送るという意味です。

赤ん坊がポーンという大砲のような音とともに飛び出てきた

保江　野口先生が編み出されたその愉気を僕に教えてくださったのは、岡山大学医学部の解剖学の先生でした。

それで、僕の先代の秘書が結婚して子どもを授かったときに、

「それはよかったねー。元気な子どもを産んでね」といいながら僕が1分間くらい手

をかざして、彼女に愉気を送ったんです。

なぜそんなことをしたかというと、晩年、産院を開かれていた野口先生が、臨月の妊婦さんに対して愉気をしたら、赤ん坊がポーンという大砲のような音とともに飛び出てきて、その子を野口先生が受けとめたという、すごい話を聞いていたからなんです。

池川　あの整体の野口先生が、晩年になってそんなことをされていたとは、驚きですね。

保江　産院を開かれた当時の野口先生の右腕だったのは、のちに「生長の家」をおこした谷口雅春先生だそうで、それにまつわるこんな話があります。

ある日、野口先生がお留守のときに相談者がこられたので、谷口先生が代わりに、神に祈りながら愉気を送ったところ、その人の苦しみが消えうせて、「ありがとうございました」といって帰っていかれたそうです。

野口先生が帰ってこられたので、谷口先生がかくかく然々《しかじか》でとその結果を報告したところ、「神に祈った」という言葉を聞いた瞬間に、野口先生は、

「バカモノ、破門だ！」と厳しく叱責したというんです。

その理由は、

「人間の身体はそんな神頼みで治るほどなま易しいものではない。神以上のものなんだ。人様の身体を治すのにそんな神頼みをするとは何たる大間違いをしたんだ。今から土下座をして謝ってこい。それができないのならもう破門だ」ということでした。

そんなことがあって、のちに谷口先生は「生長の家」をおこされたわけですが、野口先生のことを知るかたの中には、「自分のところにずっといたら病を治すことしかできない。だが彼にはもっと大きな使命がある。だからもう、ここからは巣立っていけ」という師の配慮だったのではないかと見るかたもいます。

池川　だとしたら、ちょうどタイミングがよかったということですね。

保江　その野口先生の技を僕に教えてくださった岡大の先生は、中学校のときに神社の石段から落ちて脊椎複雑骨折をしてしばらく寝たきりになり、お父さんが資産家だったこともあってあらゆる治療を彼に受けさせたそうです。

ところが、どこに行っても「命があっただけましと思いなさい」といわれ、最後の最後にやっと野口先生のところに辿り着いたのです。

すると、野口先生は、寝たきりの彼に対してわずか3分間だけ愉気をしただけで、「はい、もう帰っていいよ」といわれたそうで、なんとそれから彼はどんどん回復していって、普通に生活ができるようになったというんです。

池川　それはすごい！

保江　それで彼は、医学部の解剖学教室で研究するようになったんですが、なぜあのときに自分が愉気を受けて回復できたのかを知りたい一心で、見よう見まねで一所懸命に練習を重ねていたら、ついに愉気ができるようになったのです。

池川　達人の技を必死で真似ているうちに、自分でできるようになったんですね。

保江　そうです。ずっと真似をし続けて、ついに自分のものにしたんです。

野口先生には二人のご子息がいらっしゃるんですが、彼は今、愉気ができる数少ない人物ということで、そのお二かたからもお声がけをいただいているそうです。

彼は、僕ががんの手術をしたときにも手を回してくださって、先ほどの谷口先生のエピソードも、実は彼から教えてもらった話です。

愉気を受けた赤ん坊は、明らかに「何か」が違っている

保江　野口先生が産院を開かれたのは、いろんなお弟子さんに裏切られたり離れられたりしてもう誰も信じられなくなって、最後に自分が信じられるのは「母親の赤ん坊に対する気持ちだけだ」という心境に至ったからだそうです。

だから、お父さんやお母さんにお腹の赤ちゃんに愉気をするように勧めていたそうな

んですが、さっきいったように、野口先生が臨月のお母さんに愉気をすると、ポーンという音とともに赤ん坊が勢いよく2メートルも飛び出てきて、なんと先生がその子を両手で受けとめたというんですね。

でも、その話を聞いたとき、僕は、「まさか、それは大げさにいっているんだろう」と思っていました。

ところがその後、僕が東京に自分の道場を開いてから銀座の鴨専門店のご主人とお会いした際に、奇遇にも野口先生の話になって、そしたらなんと、彼のお子さんが生まれるときに野口先生に受けとめてもらったというんです。僕が、

「本当に2メートルも飛ぶんですか？」と聞いたら、彼いわく、

「もちろんです」と！

池川　えっ、それじゃあ、本当にそんなに飛ぶんですね⁉

保江　はい。それだけじゃなくて、「僕自身もそうでしたから」と彼がいうんです。

実は、彼の実家は代々野口先生にお世話になっていたそうで、東京には彼と同じように野口先生の産院で生まれたお子さんがけっこういたらしいです。

愉気を受けた赤ん坊は、何か特殊な力を授かるみたいで、岡大の先生も、愉気を受けた子どもは幼稚園になってから他の子どもと混じっていてもすぐにわかるほど「何かが違う」といっていました。

そんな話を聞いていたので、僕は知り合いの妊婦さんにはいつも愉気をやってあげていたんです。もちろん、野口先生のようなすごいことはできませんが……。

それで、まず先代の秘書が妊娠したときにやってあげて、二代目の秘書にも同じようにやってあげました。

そうしたら、生まれてきた彼女たちのお子さんが、なんと二人とも頭の毛が僕の天然パーマのクルクルの髪の毛とそっくりだったんです。二組とも、お母さんもお父さんもきれいなストレートの髪であるにも関わらずですよ。

念のためにいっておきますが、僕と彼女たちの間には、もちろん肉体関係なんて一切ないです（笑）。

池川　へえーすごい、そんなことがあったんですね！

二人の秘書のお子さんが、二人とも先生とまったく同じような髪の毛なんですか？

保江　そうなんです。僕も実際に見て驚きましたし、ご両親も二組とも首をかしげていて……。

天然パーマがそっくりに

池川　二人続けてそんなことが起きるのは、偶然とはいえませんよね。どのくらいの回数愉気をやられたんですか？

保江　先代の秘書には3、4回、二代目の秘書にも3回程度ですね。二代目の秘書には、「これをやるといいから」と伝えただけで特に説明もせずにやってあげたんですが、彼女自身は何も特別な感じは受けなかったようです。

もちろん、お産のときに2メートル飛んだというのは野口先生が悋気をした子どもだけで、なぜか僕の場合には、髪の毛の情報が伝わったようですが（笑）。

それと、二人とも男の子なんですが、どういうわけか僕の子どもの頃の行動パターンそのものの傾向があるようで、女の子ばかりと遊んでいるそうです。それに、他の子どもたちと比べて、利発というか、ひときわ輝いて見えるとか……。

池川　それにしても、ありえないことですよね。

私も、普通の人からするとありえないことばかりいっちゃってますが（笑）。

セックスレス妊娠や愉気による不思議現象は「情報」が転写されれば可能になる

池川　なぜセックスレスでも子どもができるのかというと、お母さんの胎内に精子の情報が残っていたんじゃないかという人もいます。

それは、そもそも大昔は男女に分かれていなくて、女性だけで子どもを産むことができ、そのため女性の身体の中には今も精子の情報が残っているのではないかという説です。

この説は二人のかたから別々に聞いたのですが、もともとそのような受精に必要な情報が女性の体内に記憶されていたとすれば、セックスレス妊娠もありえるのかなと思いますね。

保江　じゃあ、僕の場合も、愉気によって僕の情報がお腹の赤ちゃんに伝わったのかな。

池川　はい、おそらく情報の転写でしょうね。

保江　それなら、今はまだ2例なので、もう1例増えればさらにその説の信憑性が高まりますね（笑）。

池川　もしそれを好むかたがいれば、ぜひモニターを募られて……（笑）。

いずれにしても、自分の意識をどこにフォーカスするかがポイントで、意識を集中すれば光のように気のエネルギーがそこに向かっていくのかもしれませんね。

だからこそ、特にお産においては、お母さんのハッピーな気持ち、赤ちゃんを「可愛い」と思える心が一番大事なんじゃないかと思います。

残念ながら、今の産科はそれとは反対の機械的な方向に行っていますが……。

保江　そういえば、想像妊娠というのはどういうことなんですか？

池川　想像妊娠というのはよくあるんですが、その場合、実際には妊娠反応は出ないいんです。

想像の力はすごくて、妊娠していないのに月経が止まって、つわりのような症状が出たり、中にはお腹が大きくなるといった身体の変化が起きるんですが、胎盤のホルモンを出すまでの力はないんです。

でも、人間の思い込みの力はすごくて、意識でいろんなことを変えることができるんじゃないでしょうか。もちろん、犬や猫にはなれないけれど……身体の状態や性格を変えたりとかはできそうですね。

誰もが思わずうなづいてしまう「夫婦のイヌ・ネコ論」とは?

保江　そうですね。そういえば、今、先生がおっしゃった犬や猫ですが、最近、先生は何かおもしろそうな「夫婦のイヌ・ネコ論」を提唱されているそうですね!?

池川　はい。どういうことかといえば、基本的にお父さんはイヌ、お母さんはネコの性質を持っていて、お互いに同じ種類だと思ってしまっていることで異文化摩擦が起きている。

なので、お互いに違う種類の動物だということをまず理解しあって、そのうえでそれぞれの長所を活かしあっていけば夫婦はうまくいくんじゃないか、という提案です。

なぜそう思ったかというと、夫婦関係がよくないとお産のときにこじれたり、出産後も育児不安があったりうつになるお母さんたちがけっこういらっしゃって、どうすれば夫婦関係がよくなるのかなと思って意識調査をしたんです。

いいお産は、第一にお母さんのストレスが少ないことですが、それには、旦那さんや親族との仲がいいことです。

反対に、こじれるお産は、奥さんが旦那さんにストレスを感じていたり、親族と仲がよくないことが多いんですね。

実際、私のクリニックでも、こじれることのない安産（自然分娩）だったはずなのに、1ヶ月後にうつになるお母さんがいたり、出産前は夫婦仲がよかったのに出産後に離婚しているという人が出てきたりして、結局、安産であってもそれだけではハッピーになれていないご夫婦がけっこういらっしゃいました。

じゃあ、お母さんがストレスを感じる一番の原因はどこにあるんだろうと思って、婚約中の男女、結婚直後の夫婦、孫もいる熟年夫婦などいろんなカップルに片っ端から聞いて回ったところ、いろんなことがわかってきたんです。

まず、夫婦になったほとんどのカップルは、性格が正反対なんです。

そこで、なぜわざわざ正反対の性格の人と結婚したんだろうと考えたんですが、聞き取り調査を重ねていくうちに、逆にそれが目的なんじゃないかと思えてきたんです。

つまり、まったく違う文化を持つ人同士が二人で新しい文化をつくりあげる、それが夫婦関係であって、だからその二人を結びつけるために「あばたもえくぼ」効果が起きる、そんなふうに思ったんです。

お互いの文化の違いがあらわになるのは、あばたもえくぼ効果が消えてからです。

そこでお互いに「こんなはずじゃなかったのに……」と相手との違いが浮き彫りになっ

てくるわけです。

そのことがはっきり確認できたのは、アメリカに行って、日本人女性とアメリカ人男性のカップルの離婚話を聞いたときでした。

日本人の元奥さんに何が気に入らなかったのかを聞いたところ、アメリカ人である彼の掃除・洗濯・買い物のすべてがストレスだったというのです。

これはどちらが良い・悪いではなくて、また国籍や育った環境が違うからという理由だけでもなく、他にもよくよく話を聞いてみると、そもそも男女、夫婦の根本的な違いがあって、その違いについて双方ともに相手に対する理解が足りなかったということなんです。

夫婦のあるある話から見えてくる、「夫はワンちゃん」「妻はネコちゃん」

池川　そこで、私がよく講演会でお話しするのが、旦那さんが奥さんから「お醤油を買ってきて」と頼まれたときの例え話です。

奥さんから「お醤油買ってきて」と頼まれた旦那さんは、奥さんを喜ばせようと思って、はりきって一番高級な高い醤油を買う。しかもそれだけじゃなくて、ついでに刺身まで買って帰ったりします。

そうすると奥さんは、

「えーっ、なんでこんな高いお醤油を買ってきたの？　いつもうちで使っている安いお醤油でよかったのに……。頼みもしないお刺身まで買ってきちゃって」と、つい旦那さんを叱ってしまうんです。

そこで、てっきり喜んでもらえると思っていた旦那さんは、まるで粗相をして叱られたイヌのようにしょぼくれてしまうんですね。

この違いはどこからくるかといえば、旦那さんは言葉で具体的に指示を与えないと動けない左脳型のワンちゃん気質。それに対して、奥さんは、左脳と右脳の両方を使って相手をよく観察して気持ちを察することができる、ネコちゃん気質だからです。

なので、家の中の実質的なリーダーである奥さんから具体的な指示がなければ、イヌタイプの旦那さんは自分がいいと思うものを勝手に選んできて、きっと奥さんが笑顔で迎えてくれるに違いないとウキウキ気分で帰ってくるわけです。

でも、一方のネコタイプの奥さんは、「いちいちいわなくてもそれくらいわかるでしょ」と思っているので前もって細かな指示は与えずに、結果的に、それを察することができなかった旦那さんに幻滅して、「もう、わかってないなぁ」とつい嫌な顔をしてしまうわけです。

つまり、イヌタイプの旦那さんにとっては、本当は奥さんの笑顔が一番のご褒美。だから、笑顔を見せてくれないと、それだけで失敗体験になってしまって、どうしていいかわからなくなるんですね。

この失敗経験が何度も続くと、「俺ってダメな旦那なのかな?」と思ってしまって、二人の間に子どもができてからも、奥さんの気持ちに寄りそわなくなっていくんです。

そうすると、ただでさえ育児ストレスが溜まっていく奥さんにとっては、旦那さんにイラつくことが多くなって、ついあたってしまうことが多くなります。

でも、奥さんはネコちゃんなので、そのときにちゃんと言葉で説明せずに、自分でもなぜ旦那さんにあたってしまうのかわからないまま、「あなたと結婚したからこんな目にあうはめになったのよ」と、つい相手の人格を否定するようなことまで口走ってしまって、よけいに夫婦仲がこじれていくんですね。

この話を講演会ですると、日本だけでなく海外でもみなさん笑ってうなづかれるので、夫婦のあるある話としていつも例にあげているんですが、この例のようにほとんどの夫婦が普段からイヌ語とネコ語で喋っているようなもので、だからお互いに相手に対する気持ちは冷めていないのに、なぜかかみ合わないことが多いんです。

今年9月頃にBABジャパンさんから出版される予定の本は、そんな夫婦の異文化コミュニケーションをテーマにした内容なんですが、じゃあ夫婦円満の一番の秘訣は何かというと、さっきいった奥さんの笑顔です。

意識調査をすると、ほとんどの旦那さんは何年経っても奥さんを幸せにしたいと思っていて、奥さん以外の「若い女性の笑顔と奥さんの笑顔のどちらがいいですか？」と聞いても、ほぼ全員が「奥さんの笑顔のほうがいい」と答えます。

つまり、旦那さんにとって一番嬉しいのは、奥さんの「満面の笑み」。なにしろワンちゃんにとっては、ご主人が笑顔で撫でてくれることが一番のご褒美ですからね（笑）。

ところが、奥さんのほうはまったくそれに気づいていなくて、察してくれない旦那さんに愛想をつかせてほとんど笑顔になることもなくなって、しかも自分に自信を持っていないいんです。

もしお母さんが、自分の笑顔がお父さんや子どもを最高に幸せにするんだということを知っていたら、きっとどんな家庭もうまくいくと思うんですが……。

保江　なるほど。

夫婦円満でお母さんにストレスがない家庭の赤ちゃんは、心が安定している

池川　仲がいい夫婦とそうでない夫婦では、実は赤ちゃんにも違いが出るんです。

ほとんどの人が赤ちゃんは泣くものだと思っていますが、夫婦仲がいいと生まれたばかりの赤ちゃんでも泣かないんです。

私も自分で赤ちゃんを取り上げてみてそれがわかったんですが、結婚してからも夫婦がずっと円満に暮らしていると、生まれてきた赤ちゃんは、すぐに抱っこをしても息をしているかどうかもわからないくらいに静かです。

赤ちゃんが泣くのは、何かを訴えるときの最終手段であって、赤ちゃんにとって一番大事なのは、お母さんの心が安定していることなんですね。

さっきいったように、旦那さんとの間に大したストレスがなくて、お母さんがハッピーな気持ちでいれば、お腹の中の赤ちゃんもハッピーでいられるってことです。

じゃあ、お父さんというのは赤ちゃんにとってどういう存在なのかというと、お母さんの隣りにいるおじさんのような存在です。

なので、赤ちゃんが生まれた瞬間に、お父さんが「おお、俺の子だ！」と喜んだとしても、いつもお母さんとケンカばかりしていると、赤ちゃんもお父さんのことをよく思っていないので、お父さんに抱っこをされるのを嫌がるんです。

反対に、お母さんとお父さんが仲がいいと、生まれてすぐにお父さんに抱っこされても、お母さんが好きな人だとわかるので、赤ちゃんの気持ちもすごく安らぐわけです。

そんなふうに、お腹の中の赤ちゃんにもはっきりとした感情や意識があって、それは生まれたばかりの赤ちゃんの目にも現われます。

今の医学では、生まれたての赤ちゃんは目が見えていないとされているのに、実際には見えているみたいなんです。

保江　視力がある⁉

池川　視力は0．02くらいなんですが、網膜が完成していないのでボーッとしか見えていないと習うので、産婦人科医になって最初の頃は、1ヶ月健診でも赤ちゃんの目を見ることはなかったんです。

ところが、赤ちゃんがお腹の中にいるときからお母さんがやさしく話しかけていた子どもは、ストレスの多いお母さんのお産とは違って、生まれたばかりでも赤ちゃんの目の焦点がパシッと合って、すごく安定した表情をしているんです。

私に対しても、赤ちゃんに断りもなく吸引分娩などをした場合など、「このヤロー、ヘタなお産をしやがって」という感じで、ちゃんとお産の評価をしているような表情で見ることもあるので、ヘタなことができません（笑）。

実際に目で見ているのではなく、周囲の情報を映像化して記憶する仕組みがあるのかもしれません。

しかし、そんなふうに表情が豊かな子どもたちを見ると、実際に目が見えているといっても差し支えないくらいの情報は生まれたときから記憶しているようです。そういったお子さんは、自分というものをしっかり持っていて、その違いは何となくわかります。

お母さんの笑顔が見られれば、すぐに自分の人生を歩めるようになる

池川　旦那さんにとっての一番のご褒美が奥さんの満面の笑みだといいましたが、それは赤ちゃんにとっても同じです。

胎内記憶の調査によると、「お母さんを笑顔にしたくて生まれてきた」という子どもが圧倒的に多くて、お母さんが笑顔で暮らしていると子どもは何の不満もないので、すぐに自分の人生を歩めるようになるんです。

つまり、お母さんを笑顔にするというのが第一ステージで、それが達成できたら次の自分の人生のステージに移れるんですが、もし達成できないと、ずっと外にお母さん的な存在を求め続けてしまうことが多いようなんです。

そうなると、男女ともに異性に対する依存度が高くなって、相手が思いどおりにしてくれないと満たされずに、次から次へと異性遍歴をくり返していくパターンが多い。

これはあくまで私の推測ですが、異性遍歴の主な原因は、ある一定の年齢に達するまでにお母さんの笑顔が得られなかったからではないかと思います。

いずれにしても、天才児を望むならお母さんの笑顔が一番で、そのためにはお父さんとお母さんがいつも仲良く、ハッピーな気持ちでいることでしょうね。

それと、お母さんがお腹の中の赤ちゃんによく話しかけながら対話をしていれば、きっと生まれた瞬間から穏やかな表情で、アイコンタクトをしてくれると思います。

お腹の中の赤ちゃんと対話しているお母さんがたは、赤ちゃんの声は直接聞こえなくても、赤ちゃんからのイエス・ノーの返事はちゃんと感覚的にキャッチしているからです。

なので、もしお母さんが何らかの理由で中絶を望まれている場合でも、私のほうから「お腹の赤ちゃんに聞いてみてください」とお願いするようにしています。

お母さんにお腹の赤ちゃんに確認してもらって、「絶対に生まれたい」と思っている赤ちゃんの場合には、中絶手術は行わない。

でも中には、妊娠はしても、生まれることまでは望んでいない子どももいるんです。

それは、「お母さんの身体の中に入るのが目的」という赤ちゃんの場合で、お母さんがその赤ちゃんに尋ねたところ、「自分が生まれたらお母さんやお父さんが不幸になるから、生まれなくてもいい」ということだったそうです。

今は、お母さんがたと一緒に、お腹の中の赤ちゃんからの頃から対話をはじめる胎内記憶教育というのをやっていて、その協会では基礎講座や実践的なワークもやっています。

そんなふうに、お腹の中の赤ちゃんと対話をしてもらいながら診察をしている産科は、たぶんうちくらいなんじゃないでしょうか（笑）。

保江　確かにそうでしょうね（笑）。

超古代のカタカムナ文献は、現代物理学の先をいく素領域理論と一致していた!!

池川　ところで、先生のご専門の素領域理論から見た場合、胎内記憶というのはどのような仕組みで起きていると考えられるんでしょうか？

保江　先ほど説明したように、素領域というのはビールジョッキの中に浮いている小さなツブツブの泡のようなものですが、この素領域理論は、カタカムナ文献（註：万物の発生原理を表しているとされる超古代の図像文字）を世に出したとされる楢崎皐月さんが解かれた内容と、非常に似ていることが最近になってわかりました。

というのも、楢崎先生の直筆の文章をたまたま目にする機会があって、読んでみたら非常に高度な内容が書かれており、楢崎皐月というかたは湯川秀樹先生クラスの物理学者であったことがわかったのです。

カタカムナがどういうものかについては、近々発売される予定の『完訳　カタカムナ』（明窓出版）という本で、楢崎先生のお弟子さんの宇野多美恵さんに師事された天野成美さんというかたが詳しく解説されています。

楢崎先生は、素領域という言葉こそ使ってはいませんが、独自に解釈されたカタカムナ・相似象の内容は、素領域理論のエッセンスそのままなんです。

池川　へぇー、そうなんですか。

保江　はい。カタカムナでも素領域理論でも、この物質としての宇宙ができる前は完全調和の神の世界しかありませんでした。

その完全調和が、自発的対称性の破れによって壊れて、そこにブクブクとたくさん泡ができた、その泡の全体がこの宇宙です。

その泡が振動したり変形しているのでいろんな素粒子があるように見えているだけで、実はすべてエネルギー。この観点に立てば、なぜ素粒子の運動がシュレーディンガーが示した量子力学の基本方程式によって記述されるかが導けるのです。

ようするに、カタカムナも素領域理論も、この宇宙や物質ができる前の基礎原理について述べているんです。

池川　なるほど。それでそのシュレーディンガー方程式を裏づけるような方程式を、先生が猛スピードの車で走っている最中にパッと閃《ひらめ》かれたわけですね。

保江　そうです。１９０キロのスピードで走っていたのに、その瞬間は強風も不安も一切消えて、すべての音も振動もなくなっていました。遠くの景色が透きとおったようにはっきりと見えて、まるで雲の上をスゥーッと流れているような感覚です。

「もう、死んで天国に行くのかな?」と思うくらいに……。

もしかしたら、その瞬間だけ泡の外側に意識が行っていたのかもしれません。

池川　神さまの世界に、ちょっとだけ顔を覗《のぞ》かせちゃったんですね。

保江　はい、通常の感覚がなくなって、本当に穏やかで音も振動も何も感じない、まさに天国のような感覚でした。ただ遠くの景色と、額の裏側に現われた物理学の公式のようなものだけがはっきりと見えていて……。

それから、すぐにまた我に返って、これはマズいと思って足をアクセルから外してブレーキをかけたんです。

それで、その日は近くの村のホテルに泊まったんですが、夜、ホテルの部屋の中で頭に浮かんでいた公式を書き出して何回も検算しながら組み立ててみたら、なんとシュレーディンガー方程式を導く方程式ができたというわけです。

湯川先生は、エネルギーが泡から泡へ飛び移る現象を、芭蕉の『奥の細道』の冒頭に出てくる「月日は百代《はくたい》の過客《かかく》にして、行きかふ年もまた旅人なり」という自然観になぞらえていました。

僕が発見した方程式は、まさにその法則性を表わす方程式だったわけですが、その後、僕自身が立て続けに奇跡的な体験をしたこともあって、ここ数年は霊魂やスピリチュアルな現象を素領域理論から見た場合はどうなんだろうと考えるようになったんです。

あえていえば、形而上学的素領域理論とでもいいますか。

それに基づけば、泡の外、つまりビールの液体部分のほうが実体であって、それが霊魂といわれるものであり、泡である肉体そのものは実体ではないということです。

泡の中にエネルギーがあるときだけ、私たちはそこに電子とかクォークなどのさまざまな素粒子があるといっているだけで、そのエネルギーは常に、液体の中に浮いている泡から泡へ飛び移っていく、はかないものだからです。

池川　なるほど。泡の外の液体のほうが本質なわけですね。

保江　私たちの身体にしても、さまざまな素粒子からできていると思われていますが、それにはまず、物質を形づくるエネルギーのひな型としての泡があるということです。

池川　泡はエネルギーの入れ物、物質をつくるための器のようなものなんですね。

保江　はい、そうです。まず最小空間としての泡ができてから、そこに応じてさまざまなエネルギーが発生し、それによって生命や物質ができるということです。

池川　その泡には、意志があるんですか？

保江　泡そのものは空っぽですが、泡を発生させた大元のことを、僕は「完全調和」や「神さまの世界」と呼んでいるわけです。

楢崎先生は、それを昔の物理学者が仮説として提唱していた「エーテル」と呼んでいました。カタカムナではそれを「カム」と呼びますが、それは無限のものすごい硬体です。

カタカムナでは、そこに森羅万象の発生源である神が息を吹き込んで泡がたくさん発生し、泡と泡の間は非常に希薄になっているために私たちには認識できない、というような解釈をしていますが、これはまさに、素領域理論と同じ考えかたです。

池川　カタカムナという超古代の図像文字と、まだ現代物理学も到達していない超最先端の素領域理論の内容が一致しているとは、とても驚きました。

Part 4

縦のつながりが強い子どもと、横のつながりが得意な大人たちが織りなす、新しい糸

赤ちゃんの魂は、受精卵の振動エネルギーをつくりだす泡の塊

保江　というわけで、ここから先ほどのご質問へのお答えです。

赤ちゃんの魂というのは、素領域理論から見れば、完全調和の液体の中に浮かんでいる泡の塊（素領域）です。

その泡の塊＝魂は完全調和とつながっているので、常に神さまと対話をしている状態、ようするに神さまの一部なんです。

その神さまは超硬体ですから、瞬時に全体の端から端まで振動によって意志が届きます。

そして、この神さまの意志を持った泡の塊としての赤ちゃんの魂が、お母さんとなる人の受精卵がつくられる前に、すでにできているのです。

泡の塊＝赤ちゃんの魂ができると、その泡（魂）と引き合う受精卵を持つことになるであろう女性の身体、子宮と重なりあいます。

そうすると、そこに受精卵に必要なエネルギー（素粒子）が集まってきて、そこから卵割（細胞分裂）がはじまり、やがて子宮内膜に着床して妊娠に至る、と考えられます。

ようするに、この受精卵の振動エネルギーをつくりだす泡の塊自体が、赤ちゃんの魂だということです。

池川　なるほど。完全調和の神さまの世界は硬体ということですが、そこには波動もないんでしょうか？

保江　完全調和の超硬体そのものには、大きさも質量も次元も一切存在しませんが、この宇宙のすべてを内包している超硬体なので、その中でわずかな振動が起きても端から端まで一瞬にして届きます。無限に速い波の伝播《でんぱ》というわけです。

完全調和と聞くと、中にはマルチバース（多元宇宙）やパラレルワールドを連想されるかたもいるかもしれませんが、そういうことではありません。

スピリチュアルな分野の人たちの間では、パラレルワールドの話になると、その根拠として「超弦理論」を持ち出す人もいますが、超弦理論自体あくまで物質の最小単位である素粒子ありき、つまり泡の中の理論です。

素領域理論は、先ほどいったように「初めに物質ありき」の話ではなくて、物質ができる前の対称性が破れていないビールの液体にあたる完全調和の状態を想定しています。

ようするに、今の物理学や宇宙論は、対称性や調和が最も高い存在そのものを想定しておらず、対称性が壊れた後の物質宇宙やミクロの世界を探究しているだけなので、非物資の霊魂などというものは「存在しない」というしかないんです。

なので、霊魂の存在を、現代物理学や宇宙論の範囲の中だけで説明しようとしても、そもそもムリなんですね。

また一方で、霊魂や霊界は何々次元であるという人たちもいますが、それも物理学的にいえば正しい解釈とはいえません。

何々次元というのは、自発的対称性の破れが起きるときに、同時に壊れる方向性の違いであって、それによってできる泡の種類です。それを確率論で計算すると、一番確率的に多くなるのが、この3次元の素領域です。

ようするに、私たちの肉体は3次元の泡の中に存在していて、本質である霊魂はその泡の外側、次元のない完全調和の側に同時存在しているということです。

池川　なるほど。ということは、物質や生命ができる前に、次元のない神さまの世界の側に霊魂というエネルギーのひな型があって、その泡の中のエネルギーが振動しながら受精卵をつくりだし、それがやがて赤ちゃんになっていくわけですね。

保江　はい、そういうことです。

輪廻転生は個人の生まれ変わりではなく、膨大な記録から情報だけを選択している

池川　ということは、赤ちゃんの魂の情報は、泡の外の神さまの世界から入っているわけですね。

保江　そうです。完全調和側の情報が入っているのが赤ちゃんの魂で、だからこそ、セックスレスでも子どもができるわけです。つまり、完全調和の側から情報さえもらえれば、受精卵をつくりだすエネルギーを取り入れるられるということですね。

池川　「すべての情報は全部宇宙に記録されている」というのはどうなんでしょうか？

保江　そうともいえますし、宇宙の背後ともいえますが……。

池川　だとしたら、その宇宙の背後にあるデータバンクからお父さんの情報さえ持ってくれれば、セックスレスでもお父さんそっくりの子どもができる、ということになるわけですね。

保江　はい、そうです。輪廻転生にしても、これまでのように一人の人物の生まれ変わりではなくて、素領域理論でちゃんと説明できます。

たとえば、僕なら僕が死んだとしても、肉体を構成していたエネルギー（素粒子）は崩壊しますが、空っぽになった泡の素領域自体はビールの液体の部分に例えられる完全調和の中へ、つまり神さまの世界に溶けていって、そのすべてを内包する完全調和の全体構造の中に僕が生涯体験した記憶や情報が、すべて記録されると考えられます。

つまり、僕の自我は消えてなくなっても、僕が得てきた情報は神さまの世界の一部となって、永遠に残っていくわけです。

そして、次に神さまの意志によって誰か他の人をこの世に誕生させようとするときに、また個々の魂としての泡がつくられます。

そのときに、誰かの魂が、膨大な数のアーカイブ（保存記憶）の中から、僕の記憶情報を一部入れ込むことによって、僕とは別のその人が、あたかも僕がまた生まれ変わったかのようにして情報を再生できるのです。

そのとき魂（泡）に入れる情報は、僕一人の体験記憶だけでなく、神さまや魂サイドの必要に応じていろんな人の体験記憶をチョイスしながらカスタマイズし、その魂情報と引き合う女性の身体に入って、その人なりのユニークな人生を送ると考えられます。

そして、その人が肉体的な死を迎えると、今度はその人の体験記憶がまた折り重なるように全体に吸収されて神さまの世界に記録されていく。

そんなふうにしながら、神さま情報がアップデートされていくのではないかと思います。だから、決して一人の人が何度も生まれ変わるわけではないんですね。

池川　やっぱり！　そうなんじゃないかなと思っていたんです。これでクリアになりました。

退行催眠などで「過去世が見えた」というのも、その人の魂が持ってきた情報の一つとして出てきたわけですね。

保江　はい。誰々の生まれ変わりというのも同じで、魂がその人物の情報の一部を取り入れていたということです。

ヘタに歴史に登場するような有名人の生まれ変わりだなんていうと、いろんなところから攻撃されるはめになるので気をつけたほうがいいですね（笑）。

池川　生まれてくる前にいろんな情報をチョイスするのは自分だということですが、その自分というのは神さま側の自分であって、自我を持った自分ではないということですね⁉

保江　はい、もちろん。だから、完全調和の側の霊魂と呼んでいるわけです。

池川　そして、神さまの世界には波動も何も存在しない。

保江　はい。質量も変化も何もありません。だから、例えるとしたらジョッキに一杯になったビールのような液体で、その中に物質を形づくるエネルギーのひな型としての泡がたくさん浮いていている感じですね。

池川　じゃあ、液体のビールが「神さま」、泡が「自分」と考えていいわけですね。

保江　はい、そういうことです。

縦のつながりが強い子どもたちと、横のつながりが得意な大人たちが紡ぐ新しい糸

保江　今度は、僕から池川先生にお聞きしたいことがあります。

それは、今回の新型コロナウイルスによるパンデミックが、世界的な規模で人心の荒廃を引き起こすために人為的につくられたものだという説についてなんですが……。確かに、世界の状況を見ていても、コロナに対する恐怖感で人々の間で分断が起きましたよね。

池川　ソーシャルディスタンスの距離にしても、あれは感染拡大予防というより、人と人を分断させるのが目的なんじゃないかと思います。

逆に、今こそ人と人のつながりがとても大事な時代で、なぜかというと、特に今の子どもたちは上というか、神さまあるいは完全調和とのつながりは強くても、横のつながりが苦手な子が多いからです。

それに対して、私たち大人はそれなりにいろんな経験を積んできているので、上とのつながりは弱いけれど、横のつながりだけは強い面があります。

なので、これからは、横のつながりが得意な大人たちと、上とのつながりが強い子どもたちがお互いに支えあいながら新しい生きかたを創造していく時代なんじゃないでしょうか。中島みゆきさんの『糸』の歌のように（笑）。

保江　なるほど、確かにそうですね。

そういえば、神社の巫女さんたちは、今は女子大生などのバイトさんが多いですが、本来は12歳までだったそうです。

シュタイナーも13歳頃までが大事だといっていますが、男女ともに小さい頃から上とつながっていて、どちらかといえば女の子のほうがよりつながりやすい。だから、神社の巫女さんは思春期に入る前頃の女の子が選ばれたんでしょう。

そんなふうに、昔はちゃんと縦糸と横糸がうまく紡がれていたんでしょうね。

池川　そこで今、一番注意しなくてはいけないのが、親が子ども同士の横のつながりをじゃましないようにすることです。

うちの子どもは特別だからといって、自分の子どもと他のいろんなタイプの子どもたちが交わるのを避けさせたりすると、独り善がりになってしまって、せっかくの才能も大人になって活かせなくなってしまいますからね。

なので、これからの親は、子どもが天才のまま大人に育ってもらうためにも、小さい頃から幅広い横のつながりを持たせてあげたほうがよくて、「地球を何とかしたいと」思ってやってきている今の子どもたちも、そんな横のつながりを大事にしている親を選んできているようです。

縦のつながりが得意な子どもたちと、横のつながりが得意な大人たちがタッグを組めば、文化の違いを超えた相互理解や平和的な共存ができて、しかも今の世代はＳＮＳやリモートを使ってすぐに世界中の人たちとつながれます。

そうなれば、これまでにないまったく新しい生きかたが楽しめるし、社会のありかた自体もハッピーな方向に変えていけるんじゃないでしょうか。

保江　そうですね。子どもだけでなく、大人の役割も大事なのは確かですね。

横のつながりという話が出たので、僕の地元岡山にある「美星町《びせい》」の話をしたいと思います。

美しい星の町と書くように、この町は日本でも晴天率が一番高くて、文字どおり天空にきらめく星がとても美しく見える場所なんですが、昔、隕石が落ちて、その跡に星尾神社という名前の神社が建ったといういい伝えもあるんです。

もちろん、天文台もあるのでアマチュア天文家もたくさんやってきたり、農業希望者などの移住者を積極的に迎え入れて地域おこしをしているのですが、その美星町につい最近、高橋徳先生をご案内しました。

というのは、徳先生は名古屋のクリニックとは別に、うつ病で薬漬けになっている患者さんたちに対して、薬を使わずに社会復帰できるような体験型の施設をつくりたいとおっしゃっているのを聞いていたからです。僕が美星町の話をしたら、「それはいいですね」ということになったんです。

それで現地をご案内したらとても気に入っていただいて、たぶん、これから土地を借りられるんじゃないかと思います。岡山はとにかく土地が安いので……。

池川　そうなんですか、いいなぁー（笑）。

保江　それに、岡山というところは、実は、お医者さまに弱いんです（笑）。

胎内記憶のことを知らない医師に、「病気」と見なされて薬を飲まされる子どもたち

保江　徳先生は、グループホームのような施設を構想されていて、看護師さんやセラピストさんにも関わってもらって、うつの患者さんたちが大自然の中で農業体験などをしながら、美星町の中で社会復帰を目指せればいいんじゃないかとおっしゃっていました。

池川　そんないいところがあるんですね。

保江　はい。世界で唯一、完全反射するダイアモンドをつくられたアルカダイアモンドの迫《さこ》社長さんも、年内に美星町の天文台の近くに研磨工場をつくられる予定です。

来年にはそこにホテルも建てられる予定で、しかも、そこにUFOで他の星に連れて行かれて宇宙人の教育を見学してきたという、高知の工業高校の先生も関わっていただく予定です。

彼がいうには、その星では、子どもが持って生まれた才能のみを伸ばす教育をしていたそうで、それだけやっていれば他の必要なことは後からついてくると宇宙人からいわれたそうです。

実はそのUFOに僕も一緒に乗っていたらしいんですが、僕の場合はその記憶が消されている（笑）。でも、彼の場合は地球に帰ってそれを教育現場に活かさないといけないので、記憶を消されていないんです。

詳しいことは、今年か来年に明窓出版さんから出る予定の彼の著書に書かれるそうなので、今から出版されるのを楽しみにしているんです。

池川　へぇー、すごいですね。確かに、その子の得意なことだけを伸ばしてあげるだけでいいんですよね。何も、親や大人がよけいなことをしなくても（笑）。

保江　はい。そんなことが重なって、今、「美星町パスポート」を用意しているところなんです。

太陽系の中で地球だけが名前に星がついていませんから、新しい地球人は美星人！　このパスポートを持っている人は、「美星人」になれますよということで（笑）。

池川　確かに、美星人というほうが響きがいいですね。これからの天才児も美星人！　いいですねぇー（笑）。

保江　それで、これからそこにつくられる予定の施設としては、最新の発泡スチロール性のドームハウスをお勧めしています。

それなら災害にも強くて環境にもやさしいし、天窓から星空を見ることもできるので、

ぜひ先生も美星人の仲間になられて、星を見ながらお産ができるクリニックをやられてみてはいかがですか⁉

池川 なるほど、それはおもしろいですね！

それにしても、徳先生がおっしゃられていることはよくわかりますね。今は何かというと、薬ばかり飲まされてしまうことがたくさんありますから。

これも実際にあったんですが、胎内記憶を持っているお子さんがいて、お母さんが変なことをいう子どもだと思って主治医に相談に行ったら医療センターを紹介され、そこで「統合失調症」と診断されたために、その子は薬を飲まされちゃったそうです。

それで、お母さんがうつになってしまい、保健所の看護師さんにその話をしたら、たまたま看護師さんが胎内記憶のことを知っていたので、「それは病気じゃなくて胎内記憶ですよ」と教えてもらって、やっと解決できたんです。

胎内記憶のことを知らないために、病気と見なされて薬を処方されてしまうケースも少なくないと思いますね。知らないと本人までも、「自分は病気なんじゃないか？」って思うくらいですから。

たまたま私の本を読んでくれて、自分は病気じゃなかったんだと気づいて、喜んでくれる人はとても多いんです。

保江　日本の精神科の治療は薬しか出さないので、そもそもそこに大きな問題がありますね。

池川　はい。大きな声ではいえませんが、私たちの間では彼らのことを「薬《ヤク》の売人」と呼んでいます（笑）。

しかも、その薬代のほとんどを製薬メーカーが持っていくので、先生がたも残りの霞《かすみ》で生きているようなもので、なんとも寂しい話なんですが……。

Part 5

一対一の「真似る」教育から生まれた、世界初の「量子脳理論」

英文科卒の助手が僕のノートを写経のように写し取って、医学博士の学位を取得

編　ここで、保江先生が発表された「量子脳理論」についてお聞きしたいのですが、その世界初の論文は、女子大の助手のかたとご一緒に書かれたそうですね。そのいきさつをお話しいただけますか。

保江　ノートルダム清心女子大学は文化系の大学で、それまで物理や数学は岡山大学から非常勤講師が来て担当していたのですが、当時学長だった渡辺和子シスターはそれをあえて断って急きょ僕を雇ってくださり、しかもありがたいことに、「好きな研究をなさってください」と悠々自適な環境を与えてくださったんです。

初年度の受け持ちが終わる頃には、シスターのはからいで助手をつけてもらえることになり、学生部長さんから4年生の卒業アルバムを見せられて、「どの子になさいますか？」と聞かれたので、

「まだ来たばかりでわからないのでお任せします」と答えたら、条件を出してくださいとのことでした。

そこで僕が、「英語が堪能で、英文のタイプライターもできて、代筆してもらう日本語も上手に書ける学生さんを」とお願いしたところ、その三つの条件を満たすとても優秀な英文科卒の女子が僕の助手になってくれたんです。

お名前は、治部《じぶ》眞里さんといいます。

しばらくしてから、彼女が、

「私は今は力不足ですが、将来にはご研究のお手伝いができるように、何か勉強をさせていただけませんか?」といってきたので、

「それじゃあ、これでも見ていて」と、学生時代から唯一持っていた僕の研究ノートを彼女に手渡したんです。

あるとき、何をやっているんだろうと何気なく彼女のノートを覗いたら、僕のノート

に書いてある内容をそっくりそのまま書き写していました。
治部さんは文系なので、もちろん、最初は意味もわからずにただせっせと写している
だけだったのでしょう。僕が書き損じた箇所もまったく同じように書き損じたまま、同
じ内容を何冊にもわたって、まるで写経のように書き綴っていました。
ところが、そのノートが5冊目くらいになると、彼女なりの解釈をしていたようで、
何となく内容を理解しているふしが見えはじめ、
「先生、ちょっとここの意味を教えてもらえますか?」などと積極的に質問をしてく
るようになったんです。
僕が黒板を使って説明をしてあげると、
「あぁ、そういうことだったんですね」と多少専門的な内容でも理解できるようになっ
ていきました。
そこで空いた時間に、彼女のために物理や数学の個人指導をするようにしたら、まる
で乾いた砂に水がしみ込むように、理論物理学の基礎をすべてマスターし、その後、み
ごとに医学博士の学位まで取得したんです。

哲学の学位を持っていたジュネーブ大学時代の助手も、同じノートで学んでいた

保江　治部さんに見せた僕のノートは、実はそれ以前にも一人のスイス人男性に見せていたんです。彼は、ジュネーブ大学時代に僕が大学院で指導していた、ジャンクロード・ザンブリニ君といいます。

ジャンクロード君は僕と同じ世代で学生にしては年齢が高かったので、他のスタッフは嫌がって指導したがらなかったようで、日本から着いたばかりの僕のところに半ば押しつけられるような形でやってきました。

彼が、なぜそれだけ歳を取っていたかというと、ジュネーブ大学の大学院まで進んで、すでに哲学の学位を取っていたからです。

実は、そのときの哲学の教授が、先ほど話したドゥロービエ神父さまで、僕は彼を通してドゥロービエ神父さまと知り合いになれたのです。

哲学の学位を取っていたジャンクロード君は、そのまま哲学科の教授の助手になれたものを、宇宙の基本原理にも関心があったので、あえて理論物理学の大学院に転入してきたわけです。

彼が僕の指導を受けるようになってから、彼は彼で僕が物理学以外に素養がないことを見抜いたようで、

「僕はずっと哲学をやってきたので、数学も物理もほとんど知らない。見たところ、君は物理以外何もわかっていない。だから、君が個人的に数学と物理を僕に教えてくれるなら、その代わりに、僕が君にキリスト教の成り立ちをはじめさまざまな宗教や哲学について教えてやるから」と提案してきました。

僕はそれを承諾し、それ以来、昼は僕が物理と数学を彼に教え、夕方になると外のカフェでワインを飲みながら、彼が僕に哲学や宗教の解説をしてくれるという日々が続きました。

僕が黒板に書いた数式を消そうとすると、彼は、「ちょっと待て！」といって全部書き写し、帰宅後にちゃんと復習する。

そんなやりとりが2年ほど続く中で、彼は理論物理学の基礎をマスターしていきました。

その後も彼は、さらに自分で研究を続けて、みごとにその年次の大学院生の中で最初に物理学で博士の学位を取得したんです。

もともと彼が優秀だったのと、たぶん僕の教えかたもよかったからでしょう（笑）。

そのときに僕が気づいたのは、本当の教育というのは一対一の関係でやるもので、だからこそ本質をしっかりと真似ることができて、その結果、天の才が花開く、ということです。

物理についてはまったく素人だったジャンクロード君が、みごとに理論物理学で博士の学位まで取ることができたのも、僕のノートや僕が黒板に書いた内容を毎日毎日せっせと写し取って、それを真似ながらついに自分のものとして完全に消化できたから。

そして、その何冊分かあった彼のノートの中の1冊が、ノートルダム清心女子大で僕の助手を務めてくれた治部さんに手渡した、あのノートだったのです。

実はその僕のノートは、大学2年のときにとても感動した、量子力学の数学的基礎であるヒルベルト空間論の授業内容の要点を書き取ったもので、後にも先にも僕はこの1冊しかノートを持っていませんでした。

この1冊しかない自慢のノートがあったから、ジャンクロード君の個人指導がうまくいき、そして、彼が写し取った記念のノートを日本に持ち帰って治部さんに渡したことによって、彼女もまた自分の専門外の学問をみごとに修めることができたわけです。

子どもが真似をしたくなるものを見せて、真似をさせるのが本当の教育

保江　ここで、ぜひお母さんがたに知っていただきたいのは、本当の教育とは、ただ既存の教育システムに乗っかっていればいいというものではないし、また、学校の授業内容をただ丸暗記すればいいわけではないということです。

教育において一番大事なのは、子どもが興味を持って自然に真似をしたくなるような

ものをまず見せてあげて、それを真似させてあげるのが本当の教育だと僕は思います。

だから、昔から「学ぶことは真似ること」といわれてきたし、学ぶと真似るは同じ語源なんでしょう。


そして次に大事なのは、子どもが真似したいと思ったことをすぐに真似させるのではなくて、少し焦らせて、簡単には真似をさせないことです。

しかし、それでも子どもは何とかして真似ようとするはずです。

そんなふうに、少しずつ呼び水を与えながら、子どもが自分から真似たいと思えるものをしっかり真似させる、そんな体験を重ねていくことが持って生まれた子どもの才能、つまり天賦の才を伸ばすことになるんです。


子どもの主体性を重んじるそんな教育の一つに、モンテッソーリ教育があります。

この教育法は、子どもには自分を育てる「自己教育力」が備わっていることを前提として、大人が子どもの発達段階に応じて援助しながら、「自立していて、有能で、責任感と他人への思いやりがあり、生涯学び続ける姿勢を持った人間に育てる」ことを目的にしています。

具体的には、日常生活の練習からはじまって、感覚教育、言語教育、算数教育、文化教育の段階があり、何でも大人のすることを真似したがる子どもに対して、まず大人が見本を見せて正確なやりかたを伝え、自分のことは自分でできるように自立を促すわけです。

それに、モンテッソーリ自身が敬虔なクリスチャンだったこともあって、命というものは自分でつくったものではないということや、大いなるものに対して信頼を持つということもとても重んじています。

つまり、完全調和の世界、神さまとのつながりを大切にしている教育なんですね。

僕の「名誉母親」であるシスター渡辺も、このキリスト教精神にのっとったモンテッソーリ教育に力を注いでいたので、女子大の付属幼稚園でもこの教育法を取り入れていて、シスターがいた修道院でもこの真似る教育が伝統的に行われてきたそうです。

シスターから聞いた話によると、修道女になってもすぐに修道院の仕事を教えてもらえるわけではなくて、最初は食卓に食器を並べることなどからやらされるそうですが、それもただ並べればいいというわけではないんです。

まず、シスターが皿をテーブルの上に並べた後、修道院長がそれをチェックします。

ところが、シスターがいくら皿をきれいに並べたとしても修道院長からＯＫが出ない。きちんとやっていたつもりでも、

「まだわかっていないわね。もう一度やり直し」とダメ出しをされてしまうんですね。

最後には、物差しで皿と皿の距離を測ってやってみたけれど、それでもＯＫは出なかった。シスターはどうしてダメなのかがわからず困り果てて、修道院長に、

「どうすればいいですか？」と聞いたそうです。

すると、修道院長が笑いながら、

「最初からそのように聞けばいいのですよ。一人で勝手にやってもダメ。最初から聞いてください。今度は私がやって見せますから、よく見ていなさい」といって、皿を手際よくテーブルの上に置いていったそうです。

それを見ていたシスターには、どう見ても自分のほうが皿をきちんと置けているように見える。しかし、年老いた修道院長が手際よく皿を並べていく姿は、なぜかきれいに見えてしまう……。

そこで、修道院長はシスターに向かってこういったのです。

「あなたには、私が適当にやっているように見えたでしょう。確かに、あなたが置いたものを写真で撮ったらきちんと置かれているように見えるかもしれません。

ですが、私は、心のこもったお食事を修道女たちがおいしくいただけるように、辛いことや疲れが癒やされるようにと、お皿もフォークも一つひとつ願いを込めながら置いているんですよ」と。

このとき、シスターは自分に足りなかったものが何であったかを悟ったそうです。

まさに、それが何事も心を込めて行うことなんですが、でも修道院長は、最初から「心を込めることが大事なんですよ」などとはいいませんでした。

まずシスターにやらせてみて、どうしてもうまく真似ができないという壁にぶち当たったときに手本を示した。

だからこそ、シスターは、そこで本当は何が大切だったのかを学ぶことができたんですね。

つまり、どんな教育においても、見本を示してそれをとことん真似させることが大事で、その真似る体験を何度も積み重ねていく中で、本人が自らの壁を乗り越えて気づきや学びを得ていく――僕はそれが本当の教育なんじゃないかと思います。

助手と一緒に手がけた、世界初「量子脳理論」の中身とは？

保江　スイス人のジャンクロード君も、日本人の治部さんも、僕との一対一の関係でそれをとことんやってきたから、専門外の分野であっても世界レベルの学者になっていったわけですが、その治部さんと一緒に書いたのが、「量子脳理論」の論文です。
そこで治部さんの話に戻すと、彼女はその後、医学博士号を取得し、文部科学省の科学技術政策研究所や内閣府政策統括官（科学技術・イノベーション担当）付参事官などを経て、現在は文科省科学技術・学術政策研究所の上席研究官として大いに活躍されています。

大学の英文科出身の彼女は、わずか数年で物理と数学をマスターしただけではなくて、学生時代から心理学にも関心を持っていたようで、心理学の濱野恵一教授と一緒に翻訳本まで出していました。

当時、「先生、濱野先生と一緒にこんな本を出しました」という彼女から見せてもらったのが、今回の対談テーマとも重なる胎児の記憶について書かれた、『子宮の記憶はよみがえる』（めるくまーる）という本でした。

彼女は、この本の「訳者あとがき」に次のように記しています。

「（中略）一九六〇年代に入り、それまで細胞などの生体系に強い関心を示さなかった物理学者たちのなかから、細胞内外の物理的微細構造を明らかにし、真の生命現象のからくりを見いだそうとする研究が生まれました。（中略）そこで主導的な役割をはたしたのは、アルバータ大学の梅沢博臣博士と高橋康博士でした。

訳者は縁あってプリブラム博士の教えを受ける機会に恵まれましたが、梅沢、高橋両博士の理論により細胞が分子生物学で考えられていたような単純な存在ではなく、それ一つでも一人の人間や、あるいはこの宇宙にも匹敵するような複雑で多彩な物理的存在と考えられつつあることを知り、感動をおぼえました。もはや「細胞」の意識は人間の意識以上に科学的な概念となったといえましょう。これについては、たとえば保江邦夫と筆者との共著『一リットルの宇宙論――量子脳力学への誘い』（鳴海社）に詳しい解説があります」

この本をパラパラと読んで、治部さんは出生前記憶や脳科学にも強い関心があったことがわかったので、

「僕の研究の手伝いは最小限でいいので、あなたの好きなことを研究したらいいよ」とアドバイスをしたところ、彼女はいろんな大学の科学者のもとを訪ねていきました。

中でも、彼女が、雪の結晶の研究で知られる北海道大学の中谷宇吉郎教授がつくった

研究所に行って、研究所で主催された水の研究会に参加したときのことは鮮明に覚えています。

岡山に帰ってきたときに、治部さんがとても興奮して、

「先生、脳の働きにとって水が一番大事なような気がします！」といったからです。

物理学者にとっては、それまで「水（H_2O）」が大事などという発想はまったくありませんでした。

なので、そのときの僕にはピンとこなかったのですが、後に「あぁ、そういうことだったのか！」と気づいたのは、彼女がカール・プリブラム博士のもとで学ぶようになってからのことです。

プリブラム博士は、「記憶のホログラフィー理論」を提唱した世界的に著名な脳科学者です。

ホログラフィーとは、光の干渉性を使って物体の3次元映像をつくりだすメカニズムですが、そのホログラフィーにはミクロな部分にもマクロな情報がすべて記録されてい

ます。

私たちの脳もそのようなホログラフィックな立体構造になっていて、記憶もどこか限られた部位ではなくて、全体に保持されているというのがプリブラム博士の考えです。

治部さんは、そのプリブラム博士が教授をしていたスタンフォード大学の大学院で研究をしたいということから、アメリカの大学院に入るための試験を受けたのですが、合格ラインに達するのが難しいと心配していました。

そこで、僕が「それなら直接プリブラム博士に手紙を書いたらいい」とアドバイスをしたところ、彼女はすぐに手紙を書いてスタンフォード大学に送りました。

すると、なんとプリブラム博士本人から、「奨学金がもらえる大学院生として推薦しましょう」という返事がきたんです。

二人で大喜びしたのですが、彼女がそのことを両親に話したら、大反対を受けました。

でもご両親も、博士がそこまでいってくださったのだからと、手紙でお断りするのは道理が立たないということで、僕のところにやってきて頭を下げてこう頼まれたのです。

「ここまで娘を育ててくださって、そのうえこんなことをお願いするのはたいへん申し訳ないのですが、アメリカまでの渡航費用はこちらで負担致しますので、私どもの名代としてプリブラム博士のところに謝りに行っていただけないでしょうか。本当は父親が行かないといけないのですが、父親は医者で、病院の診察があってそうもいきませんので」と。

ちょうど年末だったことから、僕は名代役を引き受けて渡米し、スタンフォード大学に行き、プリブラム博士に直接お目にかかって事情をお話したところ、とてもいいかたでよく理解してくださいました。

5日間滞在したのですが、彼の自宅に招かれて、毎晩のようにお酒を飲みながらいろんなお話ができました。しかも、帰り際に博士が、

「彼女には気にしないようにと伝えてください。ビットネットを使えるようにしておけば、いつでもやりとりができるので、ぜひ一緒に研究しましょう」といってくれたのです。

ビットネットとはＩＢＭがつくった軍事用の通信ネットワークです。当時はまだ、民間用のインターネットが普及していなかったので、大学間ではそのビットネットを導入していて、それを使えばプリブラム博士と直接やりとりができたからです。

プリブラム博士から二人の素粒子論の超大物が書いた論文を見せられて……

保江　プリブラム博士は、僕が物理学者だとわかってから、彼の論文が引用されていた梅沢・高橋という二人の日本人が書いた論文を持ってきて、「これを読んで解説してほしい」といってこられました。

僕は、「へぇー、脳科学にも梅沢・高橋という科学者がいるんだ」と思ってその内容をよく見たら、なんと、梅沢という人はカナダのアルバータ大学の正教授だった梅沢博臣博士、高橋という人は場の量子論の大家であった高橋康博士のことでした。

つまり、そこで僕は、はからずも大先輩にあたる素粒子論の超大物が書いた量子場脳仮説の論文を読むことになったのです。

「なぜあのお二人が、脳に関する論文を書いたんだろう……」と思いながらそれを読んだところ、脳神経組織の中にある何らかの量子物理的な自由度が記憶などの心的現象をもたらしている、という一つの仮説に基づいた理論モデルについて書かれていました。

ようするに、人間はなぜ膨大な量の情報を記憶し、そしてその記憶を長期間保持できるのかを理解するには、これまでのニューロン（神経細胞）発火説では不十分で、量子論を考慮した新たなモデルが必要だということです。

やや専門的な話になりますが、その仮説のベースとなっていたのは量子場理論で、一言でいうと、「量子場の真空状態に伴う自発的対称性の破れが記憶の長期保持をもたらす」といった内容です。

僕は、この梅沢・高橋博士による量子場脳仮説と、治部さんが閃いた「水」が関係していると思い、帰国後、治部さんにそう告げたところ、「じゃあ、先生も一緒に研究してください」といわれ、梅沢・高橋博士の発想を受け継ぐ形で、治部さんと二人で共同研究を行うことになりました。

その結果、記憶の場として具体的な量子場を提示したのが、僕と治部さんによる「量子脳理論」です。

これは、いわば世界初の「心の量子場」モデルで、一般書籍としては『脳と心の量子論』（講談社）として出版したのですが、一言でいうと、「記憶や心の働きは、体内の電磁場と水との量子論的相互作用によるものである」ということを、専門的に説明した内容です。

ちょっと説明が必要なので、ここで要点だけ簡単にご説明しておきます。

まず、物質がまったく存在しない電磁場の最もエネルギーが低い状態を「完全真空」、または単に「真空」といいます。

この真空は、先ほど述べたように「ゼロポイントフィールド」や「量子真空」「量子場のゆらぎ」などとも呼ばれますが、真空やゼロといっても何もないわけではなくて、実はそこには無限大のエネルギーが存在しているのです。

ここでは、その完全真空のことをゼロポイントフィールドと呼ぶことにします。

細胞を取り巻いている水と反応している「エヴァネッセントフォトン」こそが生命力

保江　ゼロポイントフィールドは、最近になっていろんな働きをしていることがわかってきていますが、その中には電磁場も含まれていて、その電磁場に素粒子からなる物質（質量）が存在すると、ゼロポイントフィールドの構造に変化が起きます。

つまり、物質が何もないときの電磁場のゼロポイントフィールドと、物質が存在するときの電磁場のゼロポイントフィールドは大きく違っていて、私たちの肉体や脳も、水を大量に含んだ物質ですから、物質が何もない完全真空のゼロポイントフィールドと比べると、身体や脳がある電磁場のゼロポイントフィールドとは大きく違っていることになります。

そこで、身体や脳の電磁場のゼロポイントフィールドの構造を決定づけているものは何かというと、すべての細胞を取り巻いている「エヴァネッセントフォトン」と呼ばれる隠れた光（光量子あるいは光子）です。

なぜ隠れた光かというと、直進的に進む通常の光とは違って、船の穂先に漂っている小さな波のように、その場で動かずに留まっている特殊な光だからです。


このエヴァネッセントフォトンは、身体の中のすべての細胞の周りにある水と反応していて、これがいわゆる、生命力と呼ばれるものです。

つまり、エヴァネッセントフォトンに被われた細胞は生きていて、エヴァネッセントフォトンがなくなった細胞は死んだ細胞です。

このエヴァネッセントフォトンの存在に気づいたのは、物理学者たちで、しかもまだ約20年前の話なので、ほとんどの生物学者はまだ知りません。


ちなみに、先ほど話題になった新型コロナウイルスは、恐怖心を持つと増えるのではないかという説もありましたが、物理学者からすると、ウイルス自体が恐怖心があるから増えたり、愛があれば消えたりするといったことはちょっと考えにくい。

ですが、不安や恐怖心があるときには減って、愛や信頼があれば増えるような、ウイルスに対する「バリアー」のようなものがあれば、結果としてウイルスの侵入を許したり、反対に防ぐこともできるわけで、実はそのバリアーとなるのがこのエヴァネッセントフォトンです。

なぜなら、細胞を被っているエヴァネッセントフォトンが強いときは、生まれたての赤ちゃんのように生命力に満ちていて、免疫力や自然治癒力も高くなるのでウイルスには感染しにくく、反対にそのエヴァネッセントフォトンが弱まると生命力も弱まって、その結果、ウイルスに感染しやすくなると考えられるからです。

このように、エヴァネッセントフォトンの状態が私たちの感情や体調を大きく作用しているので、ウイルスに感染したくなければ、エヴァネッセントフォトンを強くしておけばいいわけです。

そこで、脳の中ではいったい何が起きているかというと、神経細胞を取り巻く水(細胞間液）と電磁場が量子論的な相互作用を起こすことによって、そこにエヴァネッセントフォトンが発生します。神経細胞を取り巻いている水というのは、細胞と細胞の隙間にある液体（血しょう、リンパ液、組織液など）のことです。

エヴァネッセントフォトンが、脳の神経細胞の間隙《かんげき》にあるその水と電磁場が相互作用を起こすことによって、対称性が破れることで生まれるわけです。

ミクロからマクロまで、宇宙のすべては「自発的対称性の破れ」によって生まれた

保江　さっきも出てきましたが、この自発的対称性の破れというのが量子現象を起こす大事なポイントなので、少し補足説明をしておきます。

自発的対称性の破れというのは、湯川先生が提唱した中間子の存在を「弦（ストリング）理論」によって説明し、その後の素粒子論に多大な貢献をされた南部陽一郎先生（2008年ノーベル物理学賞受賞）が世界で初めて提唱されたもので、私たちの宇宙や自然界は

対称性が自発的に破れていることから、完全なものは必ず壊れていくという法則性のことです。

たとえば、水は叩いても上下左右に動いて割れない。なのに、水が氷点下で固まった氷を何かで叩くとパリッと割れます。これが自発的対称性の破れです。

宇宙や生命の発生も、すべてこの自発的対称性の破れによって起きています。

ようするに、この自発的対称性の破れが、私たちの身体の中の細胞周辺でも起きていて、その量子場のゆらぎによって生成消滅をくり返しているのがエヴァネッセントフォトンです。

ということは、完全真空のゼロポイントフィールドとは違っている脳の電磁場のゼロポイントフィールドの中で、細胞の周りの水と反応して生じているエヴァネッセントフォトンの発生・消滅こそが、私たちの「意識」や「心」を生み出している、と考えられるのです。

同時に、そこにはゼロポイントフィールドの自由度があるので、神経細胞の電磁気的な変化よりも巨大な拡がり（コヒーレント長）を持った量子ネットワークを形成していて、3D立体映像のようにホログラフィックな形の「記憶」として脳全体に貯蔵されている、と考えられます。

つまり、心（意識や記憶）とは、エヴァネッセントフォトンの凝集体である。

これが僕たちが発見した「量子脳理論」の要点なのです。

僕たちが、この新たな理論にのっとってエヴァネッセントフォトンの計算をしてみたら、みごとに摂氏で38～40度程度でエヴァネッセントフォトンの凝集体が存在することがわかりました。

つまり、体温下の脳組織においても、マクロな量子効果の影響が本質的であることが理論上確認できたわけです。

したがって、物理的に見れば、このエヴァネッセントフォトンという隠れた光（光量子あるいは光子）の凝集体こそが、私たちの意識や記憶、心の本質である、といえるわけです。

僕と治部さんは、さっそくそれを論文（『Brain and Perception』）にしてプリブラム博士に送ったところ、「私も入れてくれ」ということになり、その結果、３人の研究による『Quantum Brain Dynamics and Consciousness: An Introduction』という本も出版されました。

また、これまで不明とされていた麻酔のメカニズムに関しても、このときの僕たちの共同研究によって明らかになりました。

それは、麻酔薬を投与することで、細胞の周りの水に変化を及ぼしてエヴァネッセントフォトンの凝集体が減少するために意識がなくなり、反対に、細胞を取り巻く水の圧力が高いとエヴァネッセントフォトンの凝集体が増える、といった量子凝集体に特有の働きです。

世界的な科学者たちに影響を与え、場の量子論の神さまからも感謝される

保江　脳と量子の関係については、オックスフォード大学の数学教授ロジャー・ペンローズと、アリゾナ大学の麻酔科医スチュワート・ハメロフとの共同研究が、一般的によく知られています。

それは、「神経細胞の中にある微小管（マイクロチューブル）が脳内の量子計算を行っている」という説ですが、彼らの仮説は僕らが提示した説とは違って、特殊な電磁場や水からなるエヴァネッセントフォトンのことはまったく出てきません。

彼らが「脳は量子コンピュータである」といっている論拠は、あくまで神経細胞の中のたんぱく質の働きを指しているにすぎないのです。

でも、実際に量子効果を生んでいるのは、微小管の近くに存在する水分子の電気双極子モーメントのふるまいであって、それこそが自発的対称性の破れであり、プリブラム博士もその点が彼のホログラフィー理論を裏づける物理理論として、高く評価してくれ

たのです。

そこで、プリブラム博士が僕らの書いた量子脳理論の論文をハメロフ博士に見せたところ、ハメロフ博士は驚いてすぐにペンローズ博士に知らせ、それ以降、彼らもゼロポイントフィールドを考慮するようになったようです。

ですから、正確にいえば、世界で最初に理論物理学の見地から「量子脳理論」を提唱したのは、僕たちなんです（笑）。


こんな大それたことができたのも、僕が助手の治部さんに「あなたが好きなことをやったらいい」とアドバイスをして、彼女がプリブラム博士に直接手紙を書き、僕が名代でプリブラム博士のところまで行って、そこで梅沢・高橋博士の論文を読んで……と、そのときそのときの偶然が折り重なって起きてきたことです。

そのおかげで、量子物理学の学徒のはるか末席にいた僕みたいな者が、梅沢先生や高橋先生から「よくぞ自分たちの後に続く論文を出してくれた」と感謝されることになって、両先生がたが日本に来られるたびに何度も会っていただくこともできました。

梅沢先生は、残念ながら1995年に心臓のバイパス手術中に亡くなられましたが、梅沢先生とG・ヴィティエロ博士の共著を僕と治部さんで翻訳したものが、『量子力学―変換理論と散乱理論』というタイトルで、2005年に日本評論社から出版されています。

しかも治部さんは、1997年に高橋先生との共著『添削形式による場の量子論』（日本評論社）まで出版し、場の量子論では神さまと称される先生から直接、指南を受けるまでになりました。

量子脳理論を発表したおかげで、僕らは世界中の多くの科学者たちと交流ができるようになり、1999年4月には僕と治部さんが主催して、東京青山にある国連大学で「脳と意識に関するTokyo'99国際会議」を開催しました。

会議の参加者は250名、その場でも、意識の働きはマクロの量子効果によるものであることを確認したのですが、そのとき、朝日新聞の「ひと」の欄で、写真入りで僕が紹介されるという思いがけない出来事もありました（笑）。

地元岡山でも僕の名が大きく知られただけでなく、『科学朝日』をはじめいろんな科学系の雑誌でも取材を受けたことから、脳科学者たちはもちろん、一般の科学者たちからも注目を浴びることになり、治部さんもその会議をきっかけに、さらに大きな飛躍を遂げていきました。

国際会議を開いたときの話ですが、イギリスの国際文化交流機関であるブリティッシュ・カウンシルの女性が治部さんのところにやってきて、

保江氏と治部氏の共著など

「あなたを見ていると、私の若い頃を想い出すわ。そのうちに私と一緒に仕事をするかもね」と英語で話しかけてきたそうです。

それから2年後、文科省から僕の大学の研究室に連絡が入って、

「治部さんには大学を辞めてい

ただいて、うちに来てもらいます」といわれ、何をするところかと尋ねたら、科学技術政策研究所とのことでした。

どうやら、国が推進する科学技術を決定している機関のようで、あのときのブリティッシュ・カウンシルの女性が治部さんの能力を見込んで手を回したんじゃないかと思います。

その後、治部さんは一時期海外でも活躍して、帰国後はまた同じ研究所の上席研究官として立派に務められていますが、そもそも元を辿れば、僕の自慢の1冊のノートが役立ったわけです（笑）。

Part 6

お母さんの「光のベール」が天才児をつくりだす

マスメディアでおなじみの脳科学者・茂木健一郎氏ともお酒を酌み交わす仲

編　保江先生は、よくメディアに登場する脳科学者の茂木健一郎さんとも交流があるそうですね。

保江　はい。僕らが量子脳理論を打ち出したのは、ちょうどペンローズ博士が『皇帝の新しい心』（みすず書房）を出版したこともあって、日本でも脳や心と量子の関係について話題になりはじめた頃ですが、茂木さんに会ったのもちょうどそんな時期です。

きっかけは、トンネル効果として知られている「ジョセフソン効果」を発見した、最年少でノーベル物理学賞を受賞したイギリスのブライアン・ジョセフソン博士が来日したときでした。

ジョセフソン博士は、心や生命現象を説明するにはこれまでのような還元主義的な量子論ではなくて、まったく新しい全体的な理論、新しい物理学が必要であるという立場で、超心理学的な分野にも関心を持っていたこともあって、僕は常々ジョセフソン博士と会いたいと思っていたんです。

それで、彼が日本の学校で講演をするというので、その会場に行けば会えるだろうと思っていたら、関係者のかたから、

「それなら、後援しているソニーコンピュータサイエンス研究所に来てください」と誘われてそこに行ったんです。

その研究所でお茶を飲んでいたら、所長さんと茂木さんが一緒にやってきて、そこで初めて茂木さんと出会い、ジョセフソン博士も交えてみんなで食事をしながら楽しく話ができました。

でも、量子脳理論の話になったら、茂木さんは量子脳理論には反対派だった（笑）。

彼は、何も量子論を持ち出さなくても、従来のニューロン発火論で充分だという立場です。それ以来、お互いの主張は合わないですが、なぜか議論をしているうちに仲良くなったんです。主張の違いと仲がいいか悪いかは関係ありませんから（笑）。

当時、僕は岡山に住んでいたので、東京に出てくるときに僕が泊まっているホテルの近くのお店で彼と一杯やりながら話をしていると、彼もお酒が強いのでつい夜中になって、二人で遅くまで飲み続けたこともありました。

1999年の国際会議でも茂木さんを招待したのですが、彼はとても流暢な英語でスピーチをしてくれて、その日本人離れした英語力にはみんな驚いていました。

彼とは、科学雑誌の企画で毎号誌面で激しい論争をくり広げたこともありますが、その舞台裏では、仲良くお酒を酌み交わしながら、

「もっと読者が盛り上がるように、二人で殴りあっているかのように過激に書いておこうか」などと笑いあっていたものです。

ところが、その後、僕が52歳のときに大腸がんを患って緊急手術をすることになり、医者からは余命2ヶ月、長くもって2年との宣告を受けてしまったんです。

それで、僕は西洋医学の治療をすべて拒否して、「奇跡の水」を求めてフランスのルルドの泉に行く道を選び、脳に関する共同研究からは抜けざるをえなくなった、というわ

けです。

それからは、僕の本や講演会などでもたびたびお話しているように、連続して奇跡としかいいようのない不思議な体験が続いてきたわけですが……。

今はまさに、「あの世の科学者」のような活動を続けているわけですが、今回のこの対談のおかげで、脳に関してもけっこういい仕事をしていたのを想い出すことができました（笑）。

身体の外にまで拡張されたエヴァネッセントフォトンの電磁場が「霊魂」である

保江　そこで話を巻き戻して、ここからは合気道の先輩から教えてもらった、「人間にとって身体以外の大事な本質とは何か？」について話したいと思います。
先ほど、その本質を鍛えるのが四股であり、四股を踏むと頭皮から汗があふれ出るといいましたが、四股を踏んでも肉体はほとんど使われておらず、そのため発熱はしていていないということに気づいたのです。にも関わらず、頭から汗があふれ出るのはなぜかと考えました。

実はその理由が、先ほどご説明したゼロポイントフィールドと脳の電磁場の関係にあるんです。

まず、頭蓋骨の内部では、神経細胞などのやりとりによって固有の電磁場が存在しているので、当然ながらゼロポイントフィールドは変形しています。

その脳の電磁場のゼロポイントフィールドの構造は、神経細胞の水にまとわりついているエヴァネッセントフォトンという光の凝集体と考えられることは、先ほど説明したとおりです。

つまり、それこそが私たちの意識であり、記憶の正体なのですが、その頭蓋内で発生したエヴァネッセントフォトンの凝集体が、仮に体外にまで拡張された「霊魂」と呼ばれる実体であるとするならば、それは物理的に一番理解しやすいわけです。

もし、それが仮に電磁場以外のクォークやニュートリノなどの素粒子の量子場であれば、高エネルギー過ぎて人間の身体や生物学とは相容れません。

なので、私たちの本質である意識や霊魂と呼ばれるものの正体は、頭蓋内のエヴァネッセントフォトンの凝集体からなる特殊な電磁場であると考えられるわけです。

しかも、その固有の電磁場は、自発的対称性の破れによって量子効果を生み、その結果、頭蓋を通り越して外に出てくる可能性が充分にあるのです。

頭蓋骨は、可視光線は通しませんが、水と相互作用する遠赤外線よりも長い波長のものは通します。細胞間の水と相互作用するエヴァネッセントフォトンは、遠赤外線よりも長い波長なので、頭蓋を通り越して外に出てきていると考えられます。

また、頭皮の細胞にも水分があるので、エヴァネッセントフォトンはそことも相互作用を起こしていると考えられることから、その特殊な電磁場は頭皮の上のほうにまで延長されている。

つまり、この体外に延長された固有の電磁場が、霊魂や霊体と呼ばれる私たちの本質である、ということです。

だから、僕の先輩は、僕の身体の上のほうを指で切るような仕草をしたわけで、霊能者が相手の情報を読み取るときに、身体の少し上のほうに目の焦点を合わせるのも同じ理由でしょう。

ようするに、意識や精神、霊体と呼ばれるものは、体内に留まらず、体外にまで延長された電磁場であって、その身体の外ににじみ出ているエヴァネッセントフォトン凝集体を活性化させるのが四股なのです。

なぜ四股を踏むとエヴァネッセントフォトンが強くなるのかというと、それは細胞を取り巻いている水の圧力が高まるからで、この点については先ほどの麻酔薬効果の研究によって、すでに確認できています。

ようするに、身体に強い振動を与えることで体内の圧力が高まって、エヴァネッセントフォトンが強くなる。だから四股を踏んでいると、肉体は冷たいままなのに頭から汗が噴き出てきたのです。

本来ご神事である大相撲において、四股を踏むという伝統技法が継承されてきたのもおそらくそのためでしょう。

お母さんのエヴァネッセントフォトンが、「光のベール」をまとった天才児をつくりだす

保江　大事なことは、このすべての細胞を被っているエヴァネッセントフォトンは「生命力」そのもので、お母さんのエヴァネッセントフォトンが生まれてくる赤ちゃんの生命力を左右するといっても過言ではない、ということです。

池川　つまり、本来なら、エヴァネッセントフォトンが一番強いのは生まれたての赤ちゃんということですね。

保江　そうです。エヴァネッセントフォトンという「光のベール」をまとっているから、産まれたばかりの赤ん坊は一番生命力が高いんです。

池川　光のベール、それはいいですねー（笑）。

保江　だから、野口先生が妊婦さんに向かって愉気を送ると、お腹の赤ちゃんのエヴァネッセントフォトンが最大限に高まって、それで勢いよく2メートルもの距離を飛び出てきたんでしょう。

お母さんのエヴァネッセントフォトンが強ければ、それだけ子宮の細胞のエネルギーも増えて高い生命力が保たれるので、光のベールに包まれた赤ちゃんが誕生するわけです。

池川　それはすごい！　お母さんのエヴァネッセントフォトンが光のベールをまとった天才児をつくりだすというわけですね（笑）。

そこには、お母さんのハッピーな感情も関係しているんでしょうか⁉

保江　はい。不安や恐れが強くて脳に偏《かたよ》りがあると、エヴァネッセントフォトンの凝集度にも影響が及びますからね。

池川　なるほど！　じゃあ、やっぱりお母さんがハッピーな気持ちでいることが赤ちゃんにとっても光のベールを強くするし、最高の状態で生まれてこられるんですね。

保江　はい。エヴァネッセントフォトンは羊水の中まで広がっていて、子宮や膣はいわば「光のトンネル」です。

しかも、体内の水は情報を転写する作用があるので、お母さんの心が安定していると、お腹の中の赤ちゃんはその安定した情報を保ったまま光のトンネルを通ってこられるので、それだけ天才児が生まれやすい（笑）。

池川　確かに‼　だから、お母さんのストレスができるだけ少ないことが赤ちゃんにとっても一番大事なわけですね。

それにしても、産道が光のトンネルというのはいい得て妙ですね。

保江　だから、「トンネルを通ってきた」という子どもたちの証言が多いんでしょうね。

池川　なるほど。ちなみに、うちのクリニックでは、お産を控えたお母さんに自分の子宮や卵巣に話しかけてもらうように勧めています。

それを、みなさんがどう受けとめているかはわかりませんが、少なくともお母さんにそこに意識を向けてもらうだけでも、赤ちゃんの気持ちが安定してくるんじゃないかと思っています。

保江　それは、絶対にそうだと思いますよ。

だって、すべての細胞の表面ににじみ出ているエヴァネッセントフォトンという光のベールがあるんですから、子宮や卵巣の細胞の光のベールもきっと強くなるはずです。

おそらく、元気がある人が誰かの手を握ってあげたりするだけでも、相手の人の光のベールも強まると思います。

池川　野口先生の愉気もそれなんですね。それにしても、生命力が光といわれると、とてもイメージしやすいです。

保江　そうですね。徳先生のご専門のオキシトシンも、皮膚を撫でることで分泌が促されるわけですが、それも同じことなんじゃないかと思いますね。

人体を取り巻く「オーラ」とは、エヴァネッセントフォトンの凝集体のことだった!!

保江　こうしたことがわかってくると、子どもの健康や天才性を開花させるためには、いかにその子のエヴァネッセントフォトンを強めるかがキーとなり、そしてそのためには何よりもまず、お母さん自身の光のベールを強化しておくことが大切だということがわかると思います。

具体的には、お母さんができるだけ人工的な電磁波の害や薬害、汚染水の害などから身を守ることです。

電磁波や薬の害については、これまでにもさまざまな科学者のかたがたが警鐘を鳴らしていますが、それが肉体だけでなく、エヴァネッセントフォトンの凝集体である心や霊体にまで悪影響を及ぼす可能性があるということは、ほとんど知られていません。

電磁波に関していうと、ハイブリッド車や電気自動車、あるいは最近広がっている5G通信網などの強力な電磁波は、明らかにエヴァネッセントフォトンにも害を及ぼす可能性があります。

よく、飛行機が離着陸するときにすべての電子機器の使用が禁止されますが、それは電磁波同士が干渉しあうからです。

つまり、携帯の電波やパソコンの電磁気が飛行機の電気系統に影響を与え、誤信号を送って誤作動を起こす可能性があるわけですが、基本的には人体の電磁気であっても、それと同じように人工的な電磁波（デジタル波）が、エヴァネッセントフォトンに悪影響を及ぼすと考えられるのです。

実際、ＷＨＯも認めている「電磁波過敏症」という症状には、頭痛、めまい、倦怠感、耳鳴りなどのさまざまな身体症状の他に、情緒不安、うつ症状、イラつき、意識障害などの精神症状を引き起こすことがあります。

なので、人工的な電磁波に長時間被爆すると、特に妊婦さんや小さなお子さんへのダメージが懸念されるので、注意が必要です。

５Ｇに関しては、世界各地の科学者たちも問題視していて、僕が海外の知人から聞いた話では、新型コロナウイルスの固有振動数と５Ｇの周波数は最も共鳴しやすく、実際に武漢、北イタリア、ニューヨークなど、罹患率や死亡率が指数関数的に高まったエリアと５Ｇが導入されている地域がみごとに重なっていたそうです。

５Ｇは30 GHz（ギガヘルツ）以上の高周波数帯のミリ波で、普通のスマホなどの周波数よりも格段に振動数が高く、それだけエネルギーも大きくて、しかも50メートルおきに中継の基地局をつくる必要があるので、それだけ広範囲に影響が及びます。

何も脅すわけではありませんが、この５Ｇネットワークが広がれば、日本でも新型コロナウイルスの感染者が急増するでしょうから、５Ｇが使えるエリアは避けたほうが無難です。

水については、薬害と同じで、水の中に含まれる有害な化学物質が多いほど細胞を取り巻く水の秩序を劣化させ、それだけエヴァネッセントフォトンも弱まってしまいます。反対に、高い水圧下で醸成された天然の水ほど、エヴァネッセントフォトンの凝集体を強めると考えられます。

ルルドの水もそうですが、奇跡的な治癒をもたらすような身体にいい水というのは、自然の中から湧き出てくる高い圧力がかかった水で、そのような「生きた水」がエヴァネッセントフォトンの凝集を強化するのです。

それに関連していえば、今回の新型コロナウイルス騒動の中で、感染者が多く出た地域とそうでもなかった地域で何が最も差があったのかというと、物理的に見たら気圧なんですね。

感染者の多かった地域は比較的高度が高い場所なので気圧が低く、そうでもなかった地域は比較的海に近くて気圧が高い。

ということは、気圧が高いほど細胞を取り囲む水への圧力も強まって、エヴァネッセントフォトンの凝集が強くなりやすいのではないかと考えられるわけです。

また、新型コロナウイルスに感染した人が、高濃度酸素を吸入する酸素カプセルに入って治ったという話もありましたが、それも体内の圧力が増したためだと考えれば納得がいきます。

ちなみに、先ほどお話しした完全反射のアルカダイアモンドも、エヴァネッセントフォトンの凝集を強める効果があるようです。

この特殊なダイアモンドを身につけているだけで、体調がよくなったり、いろんなポジティブな変化が起きるとの体験談がたいへん多いそうで、迫社長さんが、

「いったいなぜそんなことが起きるのでしょうか?」と僕にその理由を尋ねてこられたんですが、リングにはめ込んでいるダイアモンドの先端部は金属などで被われていいな

いそうなので、おそらくその先端部に溜まっているエヴァネッセントフォトンが皮膚の細胞を活性化するのでしょう。

もちろん、光が100％反射する構造のクリスタルでも、それは同じです。

「バイオフォトン」は、エヴァネッセントフォトンの刺激を受けた発光現象

編　そもそも、エヴァネッセントフォトンの凝集体というのは、「オーラ」や「バイオフォトン」と呼ばれるものと同じなのでしょうか？

保江　そうですね。アメリカの物理学者でヒーラーのバーバラ・アン・ブレナンさんが、ご自身の著書『光の手』（河出書房新社）の中でオーラについて詳しく説明されていますが、そこにもはっきりと、オーラは電磁場であると書かれています。

それだけではなくて、彼女は、地球以外の他の惑星からやってきた霊魂というのも、

肉体を伴ってやってきたと捉えるのではなくて、そのエネルギー体の発生自体を電磁場の揺乱《ようらん》と捉えていて、それはそれで正しいと思います。

なぜかというと、その場合、僕の専門である素領域理論を持ち出さなくても、魂や霊体を電磁場として捉えてちゃんと整合性が保たれるからです。

僕も素領域理論を出す前までは、そこに物質が存在しない場合にはゼロポイントフィールドは変化しないので、電磁場だけで説明していました。ですが、そこに物質が存在する場合には、エヴァネッセントフォトン凝集体という特殊な電磁場に変化することがわかったので、心や生命現象について語る場合は、それによってゼロポイントフィールドが変質するというふうに説明しているわけです。

ブレナンさんは、オーラやチャクラを従来の電磁場における物理現象として捉えていて、それはそれで間違いではありませんが、正確な表現ではありません。

「バイオフォトン」というのは、東北大学電気通信研究所の稲葉文男先生（故人）が研究されていたんですが、エヴァネッセントフォトンの性質の一部といえなくもありません。

バイオフォトンとは、生体組織や細胞などから生じ、肉眼や通常の光検出器では検地できないような極めて微弱な光（生物フォトン）のことです。

稲葉先生の研究によると、受精直後のウニ卵や大豆が発芽するとき、あるいは植物の葉や絹糸、人体の表面からもバイオフォトンが出ていることが確認されています。

僕も、稲葉先生と生前何度かお目にかかってお話を伺ったことがあるんですが、そのときに先生から、こんな話をお聞きしました。

某有名メーカーがストッキングを製造販売するときに、絹製のものと化学繊維のストッキングではどのような違いがあるかを比較研究する中で、バイオフォトンの測定をしてみたところ、絹糸のものはバイオフォトンが出ていて、化繊のものからはまったく出ていなかったそうです。

そこで、次に女性がストッキングを履く前と後でバイオフォトンは出ているかどうかも測定したところ、生足からはバイオフォトンが出ていて、化繊のストッキングを履いたら出にくくなった。

しかも、人や体調によってもバイオフォトンの量に差があって、体調のいいときにはバイオフォトンの量が多いけれど、悪いときには減っていることなどもわかったというのです。

ところが、体調が悪いときでも絹製のストッキングを履くと体調がいいときと同程度のバイオフォトンが出ることから、結局、そのメーカーは絹と同程度のバイオフォトンが出る安価な素材を探し求め、その素材を使ってストッキングを製造販売したところ、その商品だけがダントツで売上が伸びたということでした。現在は、販売していないようですが。

稲葉先生はバイオフォトンがいったい何であるのか、その実体はよくわからないということでしたが、おそらく僕は、エヴァネッセントフォトンの凝集体が刺激されることによって出てくる電磁場の普通の波、つまり極く微弱な発光現象ではないかと思います。

ママのハッピーな気持ちや身体を温める振動が、赤ちゃんの光のベールを強くする

池川　今のお話を聞いていて、なぜ生まれたばかりの赤ちゃんによって体温差があるのかがわかったような気がします。

実は、お父さんとお母さんが仲がいいご夫婦では、お母さんのお腹を触ると温かくて、なぜ温かいんだろうと思ってサーモグラフィーで見たら、赤ちゃんの心臓の辺りが温度が高くなっていたんです。

でも、中にはお腹が冷たく感じるお母さんもいて、聞いてみたら、「今日、旦那さんと大ゲンカをした」という人もいました。そのお母さんのお腹に触れていると、まるで手からエネルギーを吸い取られるような感じがすることもありました。

つまり、お母さんの感情や夫婦仲が赤ちゃんの体温に影響を与えているとしか思えないんです。

保江　えっ、そんなことで赤ん坊に影響が出るんですか？

池川　はい。それ以外には、特に赤ちゃんの体温が変化するような要因がないので……。なので、お母さんにも自分のお腹に手を当ててもらうようにしているんですが、そうすると赤ちゃんが元気かどうかわかるようになるんですね。

保江　へぇー、夫婦関係の良し悪しによって赤ちゃんの体温にも差が出るんですね。

池川　でも、さっきの先生のお話のように、もし妊婦さんのお腹を冷たく感じたら、愉気のような方法でエネルギーを入れてあげればいいんじゃないでしょうか。
　そうすれば、光のベールに対するダメージも防げるかもしれませんね。

保江　確かに、エヴァネッセントフォトンの凝集体は、どの周波数帯の電磁波でもできるわけではないんです。

細胞を取り巻く水と相互作用を起こすのは、遠赤外線とテラヘルツの間くらいの振動数ですね。

テラヘルツというのは、1秒間に1兆回振動する周波数帯で、電磁波と光の中間領域の振動数ですが、それくらいなら身体の深部にまで到達して身体を温める効果があります。

なので、もしお母さんの安定した心の状態によってお腹の赤ちゃんの体温が高くなっているんだとしたら、その辺りの周波数帯のエネルギーの影響かもしれませんね。

参考までに、深部体温を上げる方法に関していうと、がん治療にマイクロ波温熱療法を取り入れている東京女子医大系のある先生から、こんな興味深いお話を聞いたことがあります。

その先生がいうには、マイクロ波ががんに効果があるからこれを使いなさいとある機械を持ってきた人物がいて、その人物が誰から頼まれてその機械を持ってきたのかを尋ねたら、

「決まっているだろう、宇宙人からだ」といったというのです。

僕もその機械を見せてもらったんですが、それは秋葉原などで市販されているレーダーや電子レンジに使われているマグネトロンというマイクロ波発生器だったので、ようは熱に弱いがん細胞をマイクロ波でやっつければいいんだなと思いました。

ただし、電子レンジが発するマイクロ波が妊娠中の母体や胎児に悪影響を及ぼす可能性も指摘されているので、電子レンジに身体を近づければいいというわけではなくて、あくまで治療器としての話です。

池川　つまり、光のベールであるエヴァネッセントフォトンの凝集体を強くするためには、お母さんのハッピーな気持ちや身体の深部から温まるようなエネルギーが大事だということですね。

保江　はい、そういうことです。

宇宙を貫く基本的な原理・法則は、シンプルで美しい！

保江　ここまで、主に電磁場に基づいて話をしてきましたが、でも素領域理論であれば、電磁場を持ち出す必要もなくて、ミクロからマクロまでこの宇宙で起きているすべての現象について素領域理論だけで説明できます。

そもそも、電磁場というのは、仮に「電磁波が飛び交っている場がある」ということにしているだけで、本当はその実体はよくわかっていないんです（笑）。

先ほどご説明したように、素領域というのは、物質をつくりだすエネルギーのひな型である極微の泡のことですが、その泡と泡の間、ビールでいうと液体の中における泡同士のつながり具合のことを、今の物理学では、電磁場や重力場、あるいはニュートリノが発見されたらニュートリノ場というようにそのつど何々場と名づけているわけです。

つまり、場というのはそれぞれの素粒子に対応した分けかたにすぎず、どんな素粒子であってもすべて素領域（泡）の中に存在しているので、空間の構造としては素領域だけで充分なんです。

そして、その個々の素領域の中に存在しているのが、素粒子と呼ばれる振動エネルギーです。

ところが、今の物理学では、ある特定の素領域の中で振動しているエネルギーを見て、一つひとつ「電子」や「光子」などと名づけていて、その電子や光子が動く範囲を空間や場といっているわけです。

なので、包括的な基礎理論である素領域理論においては、素領域におけるエネルギーだけを想定すればよくて、電磁場や場の量子論を持ち出す必要もないんですね。

先ほど説明したように、その素領域（泡）の外の液体部分が対称性が完全に保たれている完全調和の神さまの世界なんですが、私たちの本質であるエヴァネッセントフォトンの凝集体、つまり霊魂は、この完全調和の側に属していて肉体と重なりあっている。

ですから、死んで肉体がなくなっても、完全調和の側には個々の魂が存在しているわけです。

池川　なるほど。素領域理論があれば、あの世の説明もできて、しかも電磁場なんかも持ち出す必要がなくなるんですね。

保江　そもそも、湯川先生が素領域理論を出された理由は、宇宙を貫く物理法則がそんなに複雑怪奇なものであるはずがなく、森羅万象の基本原理はもっとシンプルで美しいはずである、という発想があったからです。

これは、「万物の理論」とも呼ばれますが、最も基本的な原理が一つだけあって、そこからすべての物理現象について説明できるものが本物だということです。

なので、何か新しい素粒子が見つかるたびに新たな場を想定し続けていくのは、湯川先生にいわせれば「ご都合主義」であって、僕にいわせたら、「詐欺師」のようなものなんです（笑）。

そんな物理学はおもしろくないし、美しくない。ミクロからマクロまで、万物に通じる基本原理が一つあればいい、というのが湯川先生や僕の立場です。

池川　物理学が扱う4つの力（註：電磁気力・弱い力・強い力・重力）は、一つの理論で説明できるということですね。

保江　そうです。とはいえ、これまで説明してきたように、生命現象や心といったものを現代物理学の範囲内で説明する場合、電磁場でも一応説明はできるということです。

仮にそれがニュートリノ場であれば、エネルギーが高過ぎて、生命現象とは無関係です。

重力場は、生命現象に影響を与えているのではないかと考えられていますが、実は重力場で起きているとされている物理現象は、電磁場で充分説明がつくんです。

重力場を想定する必要がないというのは、実は僕の「Yasue方程式」の論文を読んでさらに研究を深めてくれた物理学者の一人である、アメリカ人の知人が理論計算で導き出して、僕に知らせてくれました。

ようするに、私たちが重力だと思っている、「物と物が引き合う力」の実体は、電磁場の量子論的な影響であって、重力場は存在しないということです。

しかも彼は、それまで誰も解明できなかった「慣性力」（註：止まっているものは止まり続け、等速度で動いているものは等速度で動き続けようとする性質）の謎についても、量子電磁気学の数式を使ってみごとに解明し、彼の論文はアメリカの物理学会誌で発表されています。

実際、引き合う力は存在するにしても、これまで重力場だけは、数学的な性質上他の場と違って、唯一量子力学や量子論に乗らなかったので、現代の素粒子物理学でもよくわかっていなかったんです。

ところがそれが、彼のおかげで重力は電磁場の影響であったということがわかり、これで電磁場だけで生命現象を説明できることがはっきりしたわけです。

なので、現代物理学の立場からすると、すべての生命現象に関わる場は電磁場だけなのです。

完全調和の世界から生まれてくる赤ちゃんは、みんな天才

池川　へぇー、重力も電磁場で説明がつくというのは初めて聞きました。

じゃあ、とりあえず、すべての場が畳み込まれている真空のことをゼロポイントフィールドとして話を進めるとして……。

先ほどの四股を踏むと頭から汗が出る理由は、細胞の周りにある水の圧力が増すことでエヴァネッセントフォトンの凝集が強まって、ゼロポイントフィールドのエネルギーが頭蓋骨を突き抜けて皮膚に到達するために汗が出てくる、という理解でよろしいですか？

保江　はい、そういうことです。

池川　エヴァネッセントフォトン凝集体という光のベールが、ゼロポイントフィールドの情報を含んでいるとしたら、どんな子どもも生まれつき天才だということになります

か⁉

保江　はい、そうですね。

くり返しになりますが、ゼロポイントフィールドと呼ばれるこの宇宙空間を満たしている最もベーシックなエネルギー場を、私たちは認識することはできません。

それを素領域理論でいうと完全調和の世界で、そこからあらゆる物質を形づくる泡のようなエネルギーのひな型（素領域）が生み出されていて、この泡の中が集まったものが宇宙空間、つまり物質の世界、そして泡の外の部分がつながったものが神さまの世界です。

そして、すべての存在が完全調和の世界（ビールでいう液体の部分）を介してつながりあっていますから、そこから生まれてくる赤ちゃんは、みんな天才です。

池川　ゼロポイントフィールドには、いろんな情報も入っているんですか？

保江　現在の電磁気学には、情報という概念はないんですが、その背後にある素領域理論に立てば、情報も含まれます。いずれにしても、完全調和のゼロポイントフィールドには私たちが知り得ない情報が入っているといえるでしょう。

池川　お母さんのお腹の中の赤ちゃんも、そのゼロポイントフィールドからの情報を受け取っているといってもいいんでしょうか？

保江　そうですね。なぜなら、受精卵が分割しながら子宮に着床し、徐々に胎児へと育っていく過程において、その間ずっと、細胞の周囲に水と電磁場があるからです。

ということは、先ほどご説明したように、その水と電磁場が相互作用を起こしているエヴァネッセントフォトン凝集体、つまり、光のベールをまとった状態で赤ちゃんの身体ができてくるわけですね。

これが、物質や生命をつくりだすエネルギーのひな型という意味です。

ですから、まずお母さんが大事にしなくてはいけないのは、この赤ちゃんの身体を形づくる光のベールのほうです。

池川　なるほど。そこで、お母さんやお父さんの意識がお腹の赤ちゃんにどのように影響しているかについても、ぜひ先生の見解をお聞きしたいと思います。

まず、卵子（卵胞）は6ヶ月くらいかけて育ちますが、最初の3ヶ月くらいは1000～2000個ほどが自力で成長していきます。

後は徐々に数が減ってきて、残り20～30個ほどになった頃に視床下部や下垂体からのホルモンの影響を受けて大きくなり、3ヶ月目頃に最も大きい卵胞になって、1個だけが排卵されて、残りの卵胞は消滅して、その1個が子宮に向けて運ばれていきます。

そのときに、卵巣にある卵胞からエストロゲンや排卵後にできる黄体からプロゲステロンなどのホルモンが分泌されて、子宮内膜を受精卵が着床しやすい状態にします。

私は、受精卵ができるときよりも、この卵子が排卵するまで大きくなる3ヶ月前くらいからのお母さんの気持ちが、受精・着床・妊娠継続に大きな影響があるような気がしていているんですが……。

つまり、赤ちゃんがほしくなる3ヶ月前くらいから、そのための準備としてホルモンが働きはじめるように見えていて、だとしたら、卵巣の中にものすごくたくさんある一つひとつの卵子（原始卵胞）にも意識があって、1匹の女王蜂を助けるその他大勢の蜂たちのようにみんなが協力しているんじゃないかと思えるんです。

でも、わからないのが精子のほうなんです。

卵子はずっとお母さんのお腹の中で育っているのに対して、精子は常に入れ替わっているわけなので、いつお父さんの意識が一つの精子の中に入るのかがわからなくて……。

この点は、ゼロポイントフィールドから見たらどうなんでしょうか？

ゼロポイントフィールドに刺激を与えられれば、セックスレスでも子どもができる

保江　今、先生からとても大事なお話を伺えました。僕は、受精卵のことだけしか見ていませんでしたので……。

確かに、受精卵ができる前が大事で、その観点からいうと、精子の働きは、一般的にいわれているようなお父さんの遺伝子情報を、お母さんの卵子に結合させることだけではないような気がします。

それはあくまできっかけにすぎず、お母さんの卵子に何らかの刺激を与えることが、精子の主たる働きなんじゃないでしょうか。

それで今、治部さんが訳した『子宮の記憶はよみがえる』に書かれていた内容を少し想い出したんですが、中には受精時の記憶を持っている子どももいるそうで、それはたぶん、精子の刺激によってその子の記憶が生じたのではないかと思います。

その刺激、ショックとは、先ほどお話しした自発的対称性の破れのことですが、ゼロポイントフィールドに何らかのショックを与えることで対称性が自発的に破れ、先ほどの例えのように、水が冷えて氷に変化するような相転移という現象が起きるわけです。

ということは、1匹の精子が卵子にぶつかって強烈な刺激を与えるだけでも自発的対称性の破れが起きて、その結果、受精が可能となり、そこで遺伝情報が引き継がれるのではないかと考えられます。

一般的には、精子と卵子がお互いのたんぱく質を接着剤として結合するのが受精とされていますが、ゼロポイントフィールドの観点からすれば、精子の役目は自発的対称性の破れを起こすことであって、遺伝情報の伝達は付随的なものにすぎないのではないか……と。

だとしたら、精子の本当の役割は、卵子に激突して特殊な電磁場を生じさせるだけでいいことになります。

池川　なるほど！　つまり、精子の情報だけが卵子に転写されればよくて、そうなるとセックスレスでも子どもを身ごもることができるわけですね。

保江　そうですね。理論的には、物質としての精子がなくても子どもはできるということです。ですから、先生がいわれているように、男性との交わりがなくても子どもを産んでいる女性たちがいるというのもうなづけますね。

であれば、パートナーなしで赤ちゃんがほしいときには、自発的対称性の破れが起きるような刺激を女性が受ければいいわけです。

もちろん、その刺激は通常の刺激ではなくて、ゼロポイントフィールドを変化させるような特殊なエネルギー、いわば神がかった刺激ですが……。

そうすれば、もしかすると、大天使ガブリエルからの受胎告知によってマリアがイエスを身ごもったように、処女懐胎も可能になるかもしれません。

池川　ゼロポイントフィールドを刺激すれば、セックスレスでも赤ちゃんがやってくるんですね（笑）。

男性（精子）の本質的な役割は、女性（卵子）に対して電磁気的な刺激を与えること

保江　はい。ゼロポイントフィールド側に絶妙なタイミングで一撃を与えられれば、たとえ肉体的な接触がなくても女性が身ごもったり、電磁場が変化して身体に異変が起きるということだと思います。

いずれにしても、精子の役割が卵子に対して電磁気的な刺激を与えることなら、子どもが生まれるまではお相手が必要かもしれませんが、仮にその子が旦那さんに似ていなかったとしても、奥さんとしてはあまり気にしなくてもいいかもしれませんね（笑）。

この本を手にされた女性たちも、なぜ天才的な子どもを育てたいと思っているのか、どうして賢いママになりたいかというと、おそらく、旦那さんには期待薄で、子どもに

はもっと才能を開花してもらいたい……というのが本音なんじゃないでしょうか。

もちろん、そんなことは旦那さんにはいえないでしょうが、僕の女子大の卒業生たちはみんな口を揃えたように、旦那さんへの不平・不満を打ち明けてくることからも、どうやらお母さんたちは、残念ながらパートナーには愛想をつかしていて、子どもに期待を託すしかないのが現実のようです（笑）。

でもそれは、結婚前から男性に対して期待を持ち過ぎているからかもしれませんね。

男性の本質的な役割は、女性に対して精子の電磁気的な刺激を与えることとくらいしかない。

そう思えば、赤ちゃん自体は無限の可能性を秘めているので、どんな旦那さんであろうがそう深刻に悩むこともなくなるんじゃないかと思いますね。

池川　赤ちゃんを授かるためには、少なくともゼロポイントフィールドを変化させる刺激を与えてもらえればそれだけで充分……。

保江　はい。ですから、賢い女性は、パートナーに過剰な期待を抱いたり、旦那さんに依存しなくてもいいいんです（笑）。

Part 7

天才児を育てるたった一つの習慣

赤ちゃんの脳が完成する前に、ゼロポイントフィールド側に脳の設計図ができている

編　ここで、改めて胎内記憶のメカニズムと天才児の育てかたについて先生がたに伺いたいのですが、そもそもお腹の中の赤ちゃんの脳は、まだ完成していないわけですよね？

池川　はい、まだ胎児の脳は完全にはできあがっていません。

保江　そう、物質的な組織としての脳はできあがっていない。けれど、素領域理論から見たら、物質を形づくるひな型としての泡のような空間ができている、つまり脳の設計図のようなものはできているわけですね。

そして、その泡の中に素粒子が集まってきて心臓や脳などの細胞や組織ができるわけです。

この泡の外側（素領域）のことを、ここではゼロポイントフィールドと呼んでいるわ

けですが、ここにはまだ物質化されていない見えない脳の構造ができていて、そこにゼロポイントフィールドの情報が記録されています。

そして、やがて新生児になって、物質レベルの脳がほぼ完成したときに記憶として保持され、再生されると考えられます。


池川　なるほど、そうなんですね。

物質的な脳が完成すると、そこにさらに感情が入ってくると思います。

おそらく、ゼロポイントフィールド側には感情はない、けれど、物質的な脳が完成すると、そこに感情が発生するんじゃないかと。

そこで、お母さんの感情のフィルターの違いによって、赤ちゃんの脳の働きに特定のパターンが形成されて、ものごとをプラスに捉えたり、マイナスに捉えるクセが生まれる。

つまり、赤ちゃんの脳は、お母さんの感情とリンクしているんだと思います。

実際、親から虐待されたり、暴言や無関心などの不適切な養育を受けた子どもは、脳の一部が萎縮したり、変形することがわかっています。

これは、赤ちゃんの脳ができていく過程で、お母さんの感情がネガティブに作用してしまうわけですが、その後、子どもが成長していく中で、どのように脳のフィルターをポジティブなものに育てていくかが、とても大事なんじゃないでしょうか。

保江　そうですね。そのためにも、まずは赤ちゃんのエヴァネッセントフォトン凝集体を秩序ある状態に保ち続けるために、その素材となるお母さんのエヴァネッセントフォトン凝集体が整っていなくてはなりません。

そこで、お母さんはどうすればいいかというと、先ほどいったように、体内の水や電磁場ができるだけ偏らないように心がけながら生活をすることです。

ゼロポイントフィールドは完全調和の世界なので、体内の水や電磁場の偏りが大きいほどその情報が得られにくくなります。

ようするに、脳の偏りが大きいほど、エヴァネッセントフォトンは乱れやすくなるということです。

ですから、お母さんが自分のエヴァネッセントフォトンを強化したければ、できるだけバランスの取れた脳の使いかたをすることが大事で、それが赤ちゃんの脳の形成にも大いにプラスになるはずです。

池川　脳の使いかたも、左脳と右脳のバランスが大事だということですね。天才児を育てる秘訣は偏りのない脳づくり！

保江　はい、まさにそうです。

わかりやすく簡単にいうと、左脳は、人間の物質的な神経回路によってつくられた「自我」のモード、右脳は、ゼロポイントフィールドからの情報をキャッチする「感性」や「心」のモードです。

なので、この両方のバランスを取ることが、お母さんのエヴァネッセントフォトン凝集体を整えて、天才児をつくることにつながるわけです。

池川　それはわかりやすいですね。何も知性や理性を司る左脳が悪いわけじゃなくて、もっとバランスよく、感性を磨いて右脳の心を大事にしましょう、ということですね。
そのバランスが、調和や秩序をもたらす……。
ということは、これまでのように頭でっかちな状態から、もっと自分の感性を活かして、ハッピーな心にスイッチを切替えるということでしょうか。

保江　そうですね。でも、今の若い世代に感性といってもわかりにくいので、ここではあえて「美性」とでもいったほうがいいかもしれませんね。
これまでは、知識だけはたくさん詰め込んで左脳はもう充分に鍛えてきたから、これからはもっとバランスのいい脳の使いかたをするために、ゼロポイントフィールドとつながって大いに「美性」を高めましょう、と（笑）。

池川　美性、それはいいネーミングですね！

「添い寝」はゼロポイントフィールドとつながって、光のベールを強化する！

保江　なぜあえて「美性」というかというと、これまで説明してきたように、脳の働きとしての心や意識というのは、ニューロン発火による電磁的な反応をはるかに超えた量子現象であって、僕が『脳と心の量子論』で述べたのもそのような心の働きです。

つまり、誰もが、無限大のエネルギーを持っているゼロポイントフィールドの情報が脳神経から漏れ出ているわけですから、心には無限の可能性があるということです。

この心が秘めている無限の可能性、すなわち天賦の才、天才性を、思う存分発揮するのが、「美性」です。

池川　なるほど！　心の美性を高めていくことがエヴァネッセントフォトンを強化し、賢いママになるための秘訣でもあるということですね。

保江　はい。先ほどの四股を踏む話も、汗という水分を介して脳神経からゼロポイントフィールドが漏れ出てきているということです。

つまり、頭から汗をかくのはゼロポイントフィールドにつながっていて、無限にあるエネルギーが漏れ出ている状態で、まさにそれが光のベール、美性が強化されている証拠なんです。

しかし、お母さんがたに対して、「あなたも四股を踏みなさい」とはなかなかいえません。

でも、大丈夫です！　僕の武道の門人にはお母さんが何人もいて、彼女たちを見ていてふっと気づいたことがあったんです。

それは、昔からお母さんがよくやっている子どもとの「添い寝」です。

添い寝するときに、赤ちゃんは頭によく汗をかいていることがあって、それを見ているとなぜかこちらも自然に頭に汗をかいてくるんですが、どうもそのときに、私たちの本質であるゼロポイントフィールドにつながっているんじゃないかと思えるんです。

つまり、四股を踏むのと同じように、添い寝はゼロポイントフィールドと反応してエヴァネッセントフォトンを強化する働きがあって、だから頭からたくさん汗をかくんじゃないかと……。

池川　それは、以前私がお産を扱っている頃、時々赤ちゃんをあずかっているときにもよくありました。身体にはそんなに汗をかいていないのに、頭からびっちょり汗をかいている状態は何度も見ています。

ということは、赤ちゃんを抱っこしていると額や頭にジワッと汗が出てくるのは、自分の本質とつながっていて、ゼロポイントフィールドと情報のやりとりをしている状態なんですね。

保江　そう、宇宙の背後にある世界、神さまと完全につながっている状態。いわば、「ゼロポイントフィールド・コミュニケーション」、ZFCです。

池川　それはすごい！　ゼロポイントフィールド・コミュニケーションができているか

どうかは、頭の汗を見ればわかるわけですね（笑）。

保江　そうです。添い寝をしてもらっている赤ちゃんの姿をよく見ていればわかるように、そんなに暑い環境でもないのに、なぜか頭だけに汗をかいているような状態、これが光のベールを強化するZFCでしょう。

ですから、天才児をつくりたければ、ZFCができればいいわけです。

お母さんがゼロポイントフィールドとつながって添い寝をしてあげれば、赤ちゃんのエヴァネッセントフォトンが最大限に強化されて、美性豊かな天才児になれる！（笑）。

池川　これは、すごいメソッドができましたね（笑）。これなら、誰でも無理なく天才児をつくることができますね。

しかも、赤ちゃんを抱っこしている人もゼロポイントフィールドとつながって情報のやりとりができるんだったら、私ももっと赤ちゃんを抱っこしてあげよう（笑）。

偉人やその子を「可愛いね！」と思える人に抱っこしてもらえば、「運」がつく

池川　ところで、赤ちゃんができない人から、

「どうしたら赤ちゃんができるんですか？」と聞かれることがよくあるんです。

それであるとき、ライフカウンセラーの守屋武さんというかたに聞いたら、

「赤ちゃんを可愛いと思えればいい。それには、生後3ヶ月の赤ちゃんを30分間抱っこすればいいんです」と教えてくれたんですが、それが今の先生のお話を聞いてつながりました。

そのとき私は、赤ちゃんを可愛いと思ってただ抱っこをしていればいいのかなと思っていたんですが、赤ちゃんが頭から汗をかくくらい抱いてあげればいいんですね。

保江　そうです。天才児を授かりたければ、まず他の人の赤ちゃんを可愛がって頭から汗をかくほど抱っこさせてもらえばいいし、自分の子どもの才能を開花させるには、能

力の高い人に抱っこしてもらうといいんです。

昔から、王様や強いお相撲さんなど「偉い人」に赤ん坊を抱っこしてもらう風習があるのも、おそらくそういうことでしょう。


池川　あぁ、そういうことだったんですね！

そういえば、養生家の人から聞いた話では、生まれたときはみんな運を持っていなくて、誰かに運をつけてもらうそうなんです。

でも、その運を悪いことに使う人もいるかもしれないので、誰でもいいわけじゃなくて、その子を「可愛いね！」と思える人に運をつけてもらったらいいそうなんです。

可愛いと思えるから、赤ちゃんが頭から汗をかくくらい抱っこや添い寝ができる、それでゼロポイントフィールドとつながって、運がつくわけですね。

確かに、子育てでイライラしているお母さんでも、赤ちゃんが寝ているときには可愛いと思える人は多いですから……。添い寝や抱っこをすれば赤ちゃんに運がついて、おまけに自分にも運がついちゃうということですね。

保江　なるほど、それはすばらしい！

添い寝や抱っこが、美性豊かな天才児と賢いママをつくる‼

ぜひ、先生がこの添い寝によるＺＦＣ育児法を世の中に広めてください。


池川　はい、保江先生のお墨付きであれば、ぜひ、ぜひ‼（笑）。

天才児をつくる賢いママのたった一つの育児法として……。

これで、たくさんの日本人がゼロポイントフィールドとつながって、これから生まれてくる子どもたちの美性を高めることができますね。


今までの育児法は、どちらかというと左脳に偏っていて、ゼロポイントフィールドとのつながりが切れてしまうようなやりかただったんじゃないかと思います。

特に、第二次大戦後のアメリカで大流行した『スポック博士の育児書』という本が日本でも紹介されてから、子どもを早く自立させようと、親は子どもが泣いてもほっておく、幼い頃から一人部屋を与えるということをずっとやってきたからです。

当時の厚生省もその育児法を奨励したために、母子手帳にも昭和39年から、「添い寝や抱っこをしないように」と書いてあり、このスポック博士の教育法が20年も続きました。つまり、それが、ゼロポイントフィールドとのつながりが途切れて、光のベールが弱まり、親と子、人と人が切り離された大きな原因の一つだったということですね。

リーマンショックは経済的なダメージなので何とかなりますが、親と切り離された子どもたちのショックは、心の喪失なのでとてもダメージが大きいです。

まさに失われた20年ですが、でもその心や美性を取り戻すのが今、保江先生が提唱された、添い寝や抱っこによるZFC育児法ですね！

ちなみに、自閉症児のために考案された「抱っこ法」という療法もあって、そこでも子どもだけでなく、お母さんがたのトラウマが解放されることもあるそうです。

とにかく、添い寝しているだけで天才児が育って、お母さんもハッピーになれる。こんなシンプルで美しい育児法は、日本だけじゃなく世界中に広がっていきそうですね。

昔からの「添い寝」や「抱っこ」は、実は、天才児づくりの王道だった!!

保江　はい。そういえば、スピリチュアルなことに関心のある人たちの中で障害を持ったお子さんを持つお母さんも少なくありませんが、その子たちはお母さんに抱っこされたり完全に身体をあずけることでゼロポイントフィールドとつながっているわけですから、いわばお母さんの身体を借りて、自分のやりたいことをやっているのかもしれませんね。

それが、彼らなりの美性の高めかた。

池川　そうですね。だとすれば、愛情ホルモンといわれるオキシトシンにも、ゼロポイントフィールドの情報が含まれているかもしれない（笑）。

実際、「抱っこ法」でインナーチャイルドの癒やしをしているときに、神秘体験をされるかたもいるそうですが、それもゼロポイントフィールドとつながっていると考えるとすごく納得できます。

ただ、今の若い世代のお母さんがたは、自分が抱っこされていないから肌を触られるのが嫌だったり、自分の赤ちゃんもどう抱っこしていいかわからないというお母さんもいるので、まずお母さんになる前からいろんな赤ちゃんを抱っこさせてもらって、ゼロポイントフィールドとつながる練習をしておいたほうがいいですね。

保江　そうですね。しかも、ゼロポイントフィールド・コミュニケーションは、すべての人が自分の天才性を活かして幸せになれる、とっておきの方法かもしれませんね。

池川　やっぱり、日本古来の育てかたが理にかなっていたということなんですね。スポック博士の育児法がはじまったのが東京オリンピックの年で、それから半世紀以上経つわけですが、来年また東京でオリンピックが開かれるとしたら、ここで今までのやりかたを反転させないといけない。

これからお母さんがたにインタビューするときも、「小さい頃、添い寝をしてもらったことがありますか?」という質問も加えたほうがいいですね(笑)。

保江　まさに、添い寝や抱っこは天才児づくりの王道だったということですね!

本当に賢いママは、ただひたすらそれだけを実践していればいいわけだ。

ただ僕の場合は、添い寝をしてくれたのはおばあちゃんでしたが……。

でも今思うと、実家ではおばあちゃんのほうが気持ちが安定していて、母性もとても豊かだったので、僕にとってはそのほうがよかった気がします。

池川　私の場合は、小さい頃は両親の間に挟まれて川の字になって寝てましたね。うちは狭かったので、姉も同じ部屋でみんなで一緒に寝起きしていて、それもよかったのかな。

昔は、狭い家で3世代くらいが肩寄せ合って生活をしているのが普通でしたからね。

もしかしたら、そんな貧しくて個室もなかった頃の時代のほうが、ゼロポイントフィールドや親子の心もつながりやすかったのかもしれませんね。

保江　そうですね。昔は大家族だったので、お母さんが手を離せないときなども、「ちょっと赤ちゃんお願い」といって誰かに抱っこしてもらっていましたからね。

池川　確かに。うちの娘も小さい頃からよく赤ちゃんを抱っこしていたので、子どもをあやすのがとても上手でした。

小さい頃から兄弟のオムツを替えてきた人は、オムツを替えるのも慣れていて、そんな女性は経験がない人に比べて、自分の子どもが生まれたときの扱いがまるで違いますね。

今は、自分の子どもをこわごわ抱っこするお母さんも多いので、ぜひ美性を高めるためにも、できるだけ若い頃から抱っこや添い寝の習慣を持ってほしいです。

子どもへの切実な思いがゼロポイントフィールドを動かして、光のベールを丈夫にする

保江　そういえば、野口先生の愉気に関してこんな話を想い出しました。

日本から派遣されてヨーロッパの道場で指導していた、僕の知り合いの合気道の師範が、僕がスイスにいる頃、ジュネーブに3ヶ月に一度やってきていて、そのときに聞いた話です。

彼は、昔大相撲で十両までいって、その後、合気道の創始者である植芝盛平先生の内弟子になった人物です。

その彼は、彼の子どもが日本で生まれてまだ1ヶ月くらいのときに、うっかり赤ちゃんを落としてしまったというんです。

ところが、赤ちゃんはそこで泣くこともなくて、急いで救急病院にかかったけれど「もう助からない」といわれ、その後、ありとあらゆる病院にかかったそうなんです。

それであるとき、野口晴哉というすごい先生がいると聞いて、わらにもすがる思いで

門を叩きました。

「ぜひこの娘を助けてください」と頼んだら、

「俺にはそんな子どもを助けることなんぞ、できない」といわれた後、

「でもな、もしあんたが本当にその子を助けたいと思うなら、その手伝いくらいはしてやるよ」といわれたので、彼は、

「ぜひお願いします」と懇願した。

そこで野口先生が、

「じゃあ、そのまま抱いときな」といって彼の後ろに回って30秒ほど何かをしたそうです。

でも、ただそれだけで「もう治ったから帰れ」といわれ、娘を見たけれど治っていない。

彼は、「なんだ、治っていないじゃないか。こいつも偽物なんだ」と思ってがっかりして帰宅したというんですね。

家に帰ると、いつも娘さんを病院から連れて帰ってくるたびに、

「どうだった?」とかけ寄ってくる彼の奥さんやお母さんが出迎えてくれて、その日

も心配そうにかけ寄ってきて、娘さんを見たそうです。

そうしたら、彼の目から見たら治ったようには見えていなかったのに、二人とも娘さんの姿を見て、口を揃えて、

「あっ、治ってる！」といったのです。

それで彼もよく見てみたら、実際に治っていたそうなんです。しかもその娘さんは、それから立派に成長してスイスで結婚もされて、もうお子さんもいます。


これは、お父さんである彼の「何としても自分の娘を助けたい」という強い意志があったからこそだと思います。

つまり、野口先生の働きかけによって、わずか30秒でゼロポイントフィールドとつながることができて、その結果、娘さんの身体が治ったと考えるしかありません。

これぞ、まさに美性のなせる技です！

幼い頃からの添い寝や抱っこが、天才児と子どもの「美性」を育てる!!

池川　それはすごい！　わが子に対する親の切実な思いがあったからこそゼロポイントフィールドとつながれて、そのお子さんも光のベールが強化されて、奇跡的に治癒したということですね。

やっぱり、子どもに対する親の思いというのはすごいですね。聖母子像みたいな、深い慈愛の心がゼロポイントフィールドとのつながりを強めるんですね。

保江　確かに、聖母マリアは慈しみの愛の象徴で、そのような無条件の愛がゼロポイントフィールドの扉を開くということでしょうね。

それをわが子や肉親以外にも広げていって、やがては「汝の敵」にまで広げられたら、超一級のピカピカの美性になるかもしれませんね。

池川　逆にいえば、欧米人は、昔からよくハグしたりキスをする習慣があるのに、現代的な育児法によってゼロポイントフィールドとのつながりが弱まったのかもしれませんね。

だから、意外に心の中では不安を抱えていて、だから自分を愛してくれているかを何度も相手に確認したがる……。

ということは、たとえ身体では触れあっていたとしても、大事なのは心がゼロポイントフィールドとつながっているかどうかで、それを昔の日本人は、赤ちゃんと添い寝したりずっと抱っこやおんぶをすることで、自然にやっていたんでしょうね。

だから、光のベールも丈夫になって、バランスの取れた美性が磨かれていたのかもしれませんね。

保江　そうですね。やっぱり、なんといっても添い寝が一番！

しかし、今回、先生とこんなお話ができたのも、胎内記憶を持つ子どもたちの話や、僕に旦那さんの愚痴をこぼしてくれた女子大の卒業生たちのおかげなので、彼女たちにも大いに感謝したいと思います（笑）。

池川　本当ですね。添い寝や抱っこという日本古来の育児法が、まさか天才児を育てるための方法だとは、私も本当に驚きました（笑）。

もちろん、実の母親と離れてしまった幼子であったとしても、母性豊かな女性に育てられれば添い寝と同じように光のベールも強まって、美性も育まれるでしょうね。

あらゆる情報が畳み込まれているゼロポイントフィールドとつながって、子どもの天才性を開花させるには、赤ちゃんが頭から汗をかくくらい添い寝をすること!!

ぜひ、これを先生とご一緒に広めていきたいと思います。

保江　はい、そうしましょう！

そんな賢いママがたくさん増えてくれると、日本が美性の国になって、世界を牽引していくのも夢じゃないですね。

池川　はい、同感です！

あとがきに代えて

池川先生と保江先生による対談、いかがでしたでしょうか？

お腹の中の赤ちゃんにも感情があるという話からはじまって、
なぜ「胎内記憶」について知ってもらいたいのか？
現代物理学や宇宙論の先をいく「素領域理論」が生まれた背景
精子の本当の役割とセックスレスで子どもができる理由
男女夫婦のイヌ・ネコ論
赤ちゃんの魂はどこからやってくるのか？
世界初の「量子脳理論」を生み出した一対一の真似る教育
光のベールとオーラの正体
賢いママになるために必要な美性とは？
慈愛の心がゼロポイントフィールドとのつながりを強化する

そして、「添い寝」こそが、天才児と美性を育てる王道だった‼

どれも興味深く、「目からウロコ……」の話ばかりで、先端科学や時代の先を見据えた両先生だからこそ、目の覚めるような情報を引き出してくださったのだと思います。

お二かたの魂の響き合いによって、ゼロポイントフィールドという無限大のデータバンクからダウンロードされた。

このすばらしい光の情報が、読者の皆さまがたの日常に、ぜひ活かされますように——

最後になりましたが、池川明先生と保江邦夫先生に、改めて心より深く感謝申し上げます。

編集者（小笠原　英晃）

胎内記憶《たいないきおく》と量子脳理論《りょうしのうりろん》でわかった！
光《ひかり》のベールをまとった天才児《てんさいじ》をつくる
たった一《ひと》つの美習慣《びしゅうかん》

保江《やすえ》　邦夫《くにお》　池川《いけがわ》　明《あきら》

明窓出版

令和二年十月二十日　初刷発行

発行者 —— 麻生 真澄
発行所 —— 明窓出版株式会社
〒一六四—〇〇一二
東京都中野区本町六—二七—一三
電話　（〇三）三三八〇—八三〇三
FAX　（〇三）三三八〇—六四二四

印刷所 —— 中央精版印刷株式会社

落丁・乱丁はお取り替えいたします。
定価はカバーに表示してあります。

ISBN978-4-89634-423-3

保江　邦夫（やすえ　くにお）

1951年、岡山県生まれ。理学博士。専門は理論物理学・量子力学・脳科学。ノートルダム清心女子大学名誉教授。湯川秀樹博士による素領域理論の継承者であり、量子脳理論の治部・保江アプローチ（英:Quantum Brain Dynamics）の開拓者。少林寺拳法武道専門学校元講師。冠光寺眞法・冠光寺流柔術創師・主宰。大東流合気武術宗範佐川幸義先生直門。特徴的な文体を持ち、45冊以上の著書を上梓。

最近の著書に『人生がまるっと上手くいく英雄の法則』『祈りが護る國 アラヒトガミの霊力をふたたび』他、共著に高橋徳氏との『最強免疫力の愛情ホルモン「オキシトシン」は自分で増やせる！!』、松久正氏との『UFOエネルギーとNEOチルドレンと高次元存在が教える～地球では誰も知らないこと』（すべて明窓出版）などがある。

池川　明（いけがわ　あきら）

1954年、東京都生まれ。医学博士。 帝京大学医学部卒・同大大学院修了。上尾中央総合病院産婦人科部長を経て、89年、神奈川県横浜市に「池川クリニック」を開設。2001年、全国保険団体連合医療研究集会で胎内記憶について発表、マスコミで紹介され話題となる。日本における「出生前・周産期心理学協会(APPPAH)」のアドバイザー。 胎内記憶の第一人者であり、海外でも研究発表し、映画『かみさまとのやくそく』の出演等でも知られている。

最近の著書に『魂の教科書　自分に目覚めてラクに生きたいあなたへ』(廣済堂出版)、『胎内記憶が教えてくれた　この世に生まれてきた大切な理由』（青春出版社）他、共著に咲弥ちゃんとの『セックスレスでもワクワクを求めてどんどん子宮にやってくるふしぎな子どもたち』（ヒカルランド）などがある。

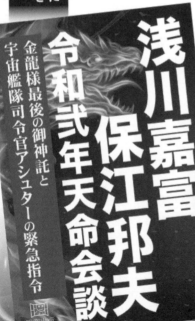

日本のオキシトシン研究の
トップドクター
高橋 徳 ＋

世界が認める
物理学博士
保江邦夫による**緊急提言**！

令和最注目&最強免疫力の愛情ホルモン「オキシトシン」は自分で増やせます！

自律神経のバランスを整え免疫力がアップ、ウイルス対策にも超有効！

親子のスキンシップが多いと子供の学力が向上する！

不安を解消しコミュニケーション力がアップする！

セロトニンを増やしうつ症状を改善、元気になる！

ストレスに強くなり困難や逆境に打ち勝てる！

このほかにも秘められたパワーがまだまだ沢山！

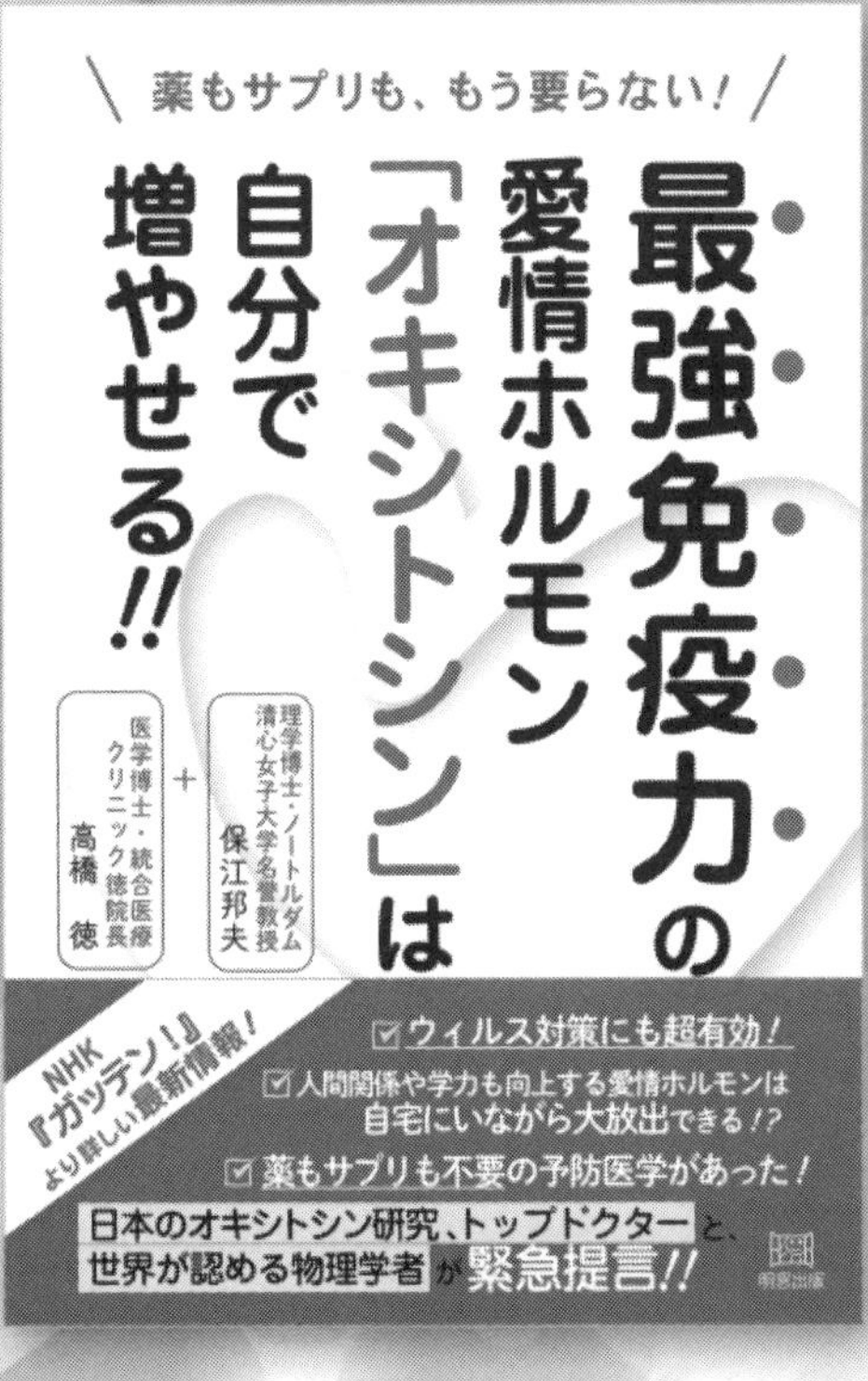

薬もサプリも、もう要らない！
最強免疫力の愛情ホルモン「オキシトシン」は自分で増やせる！！

高橋徳＋保江邦夫

本体価格　1,600円＋税

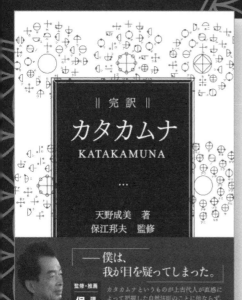